Jorge Gómez Gómez
Velssy Hernández Riaño

DESARROLLO DE UN SISTEMA DE SEGMENTACIÓN DE IMÁGENES DE ECOCARDIOGRAMA

Jorge Gómez Gómez
Velssy Hernández Riaño

DESARROLLO DE UN SISTEMA DE SEGMENTACIÓN DE IMÁGENES DE ECOCARDIOGRAMA

Sistema de apoyo al diagnóstico de cardiopatías basado en la segmentación del ventrículo izquierdo en ecocardiogramas

PUBLICIA

Imprint
Any brand names and product names mentioned in this book are subject to trademark, brand or patent protection and are trademarks or registered trademarks of their respective holders. The use of brand names, product names, common names, trade names, product descriptions etc. even without a particular marking in this work is in no way to be construed to mean that such names may be regarded as unrestricted in respect of trademark and brand protection legislation and could thus be used by anyone.

Cover image: www.ingimage.com

Publisher:
PUBLICIA
is a trademark of
Dodo Books Indian Ocean Ltd. and OmniScriptum S.R.L publishing group

120 High Road, East Finchley, London, N2 9ED, United Kingdom
Str. Armeneasca 28/1, office 1, Chisinau MD-2012, Republic of Moldova, Europe
Managing Directors: Ieva Konstantinova, Victoria Ursu
info@omniscriptum.com

Printed at: see last page
ISBN: 978-66-30-25691-8

DESARROLLO DE UN SISTEMA DE SEGMENTACIÓN DE IMÁGENES DE ECOCARDIOGRAMA

JORGE GÓMEZ GÓMEZ
VELSSY HERNÁNDEZ RIAÑO

DESARROLLO DE UN SISTEMA DE SEGMENTACIÓN DE IMÁGENES DE ECOCARDIOGRAMA

Sistema de apoyo al diagnóstico de cardiopatías basado en la segmentación del ventrículo izquierdo en ecocardiogramas

JORGE GÓMEZ GÓMEZ
VELSSY HERNÁNDEZ RIAÑO

Contenido

INTRODUCCIÓN ... 9
CAPÍTULO I. EL PROBLEMA DE INVESTIGACIÓN ... 14
1.1. Planteamiento del problema ... 14
1.2. JUSTIFICACIÓN ... 17
1.3. OBJETIVOS ... 20
1.3.1. Objetivo general ... 20
1.3.2. Objetivos específicos ... 20
CAPÍTULO II. METODOLOGÍA ... 21
2.1. Enfoque de la investigación ... 21
2.2. Tipo de investigación ... 21
2.3. Diseño metodológico ... 21
2.3.1. Fase I. Implementación de arquitecturas de Deep Learning ... 22
2.3.2. Fase II. Entrenamiento y validación de los modelos ... 23
2.3.3. Fase III. Evaluación comparativa de las arquitecturas ... 24
2.3.4. Fase IV. Desarrollo del prototipo funcional ... 25
2.3.5 Variables de evaluación ... 26
2.3.6 Matriz metodológica ... 26
CAPÍTULO III. ESTADO DEL ARTE ... 28
3.1. Inteligencia artificial en la ecocardiografía ... 28
3.2 Evolución de la segmentación cardíaca mediante *Deep Learning* ... 30
3.3 Arquitecturas de *Deep Learning* aplicadas a la segmentación cardíaca ... 34
3.4. Análisis comparativo de investigaciones recientes sobre segmentación cardíaca mediante *Deep Learning* ... 38
3.5. Síntesis del estado del arte y vacío de investigación ... 42
CAPÍTULO IV. MARCO CONCEPTUAL ... 46
4.1. Ecocardiografía ... 46
4.2. Ventrículo izquierdo ... 47
4.3. Segmentación de imágenes médicas ... 47
4.4. Inteligencia Artificial ... 48
4.5. Machine Learning ... 49
4.6. Deep Learning ... 49

4.7. Redes Neuronales Convolucionales (Convolutional Neural Networks, CNN) 50
4.8. Arquitecturas de *Deep Learning* para segmentación de imágenes médicas 52
4.8.1. UNet++ 54
4.8.2. TransUNet 54
4.8.3. SegFormer 55
4.9 Validación cruzada (*K-Fold Cross Validation*) 56
4.10. Prevención del *Data Leakage* 57
4.11. Sobreajuste (*Overfitting*) y regularización 58
4.12. Función de pérdida (*Loss Function*) 58
4.13. Algoritmo de optimización AdamW 59
4.14. Métricas de evaluación 60
CAPÍTULO V MATERIALES Y MÉTODOS 64
5.1. Conjunto de datos y selección para entrenamiento y pruebas 64
5.2. Arquitecturas de Aprendizaje Profundo Evaluadas 65
5.2.1. U-Net++ (Nested Unet) 65
5.2.2. TransUNet 66
X.2.3. SegFormer 66
5.3. Estrategia de Entrenamiento y Protocolo de Validación 67
5.3.1. Pipeline de Preprocesamiento e Inferencia 67
5.4. Extracción de Métricas Clínicas e Implementación del Triage 68
5.4.1. Estimación Volumétrica mediante el Método de Discos de Simpson ... 68
5.4.2. Estimación del Grosor Miocárdico 69
5.4.3. Motor de Reglas para Triage Diagnóstico 70
5.5. Arquitectura del Sistema de Interfaz Gráfica (GUI) 70
5.6. Configuración del Entrenamiento e Hiperparámetros 71
CAPÍTULO VI. RESULTADOS 74
5.1. Análisis Detallado por Modelo 74
5.1.1. U-Net++ (Fold 10) 74
5.1.2. TransUNet (Fold 8) 76
5.1.3. SegFormer 79
5.2. Comparativas globales entre arquitecturas (10 Folds) 81
5.3. Análisis de Diferencias Estadísticas 81

5.4. Análisis de Robustez y Variabilidad Inter-Pliegue (K-Fold) 83
5.5. Interpretación Clínica de los Resultados 85
5.6. Análisis Distribucional del Rendimiento (Boxplots) 86
5.6. Despliegue funcional: plataforma inteligente de diagnóstico ecocardiográfico 87
5.6.1. Fundamento Matemático del Cálculo Volumétrico: El Método de Discos de Simpson 91
CAPÍTULO VI. DISCUSIÓN 94
1. Influencia de las Arquitecturas en la Segmentación Cardíaca: Convolución vs. Autoatención 94
2. El impacto clínico de la fase fisiológica: fin de diástole (ED) vs. fin de sístole (ES) 96
3. Traslación tecnológica y viabilidad en el punto de atención (Point-of-Care) 98
4. Limitaciones del Estudio y Trabajo Futuro 99
CAPÍTULO VII. CONCLUSIONES 101
Referencias 103

Sobre los Autores:

JORGE GÓMEZ GÓMEZ

Ingeniero de Sistemas de profesión egresado de la Fundación Universitaria San Martín, Magíster en Ingeniería Telemática de la Universidad del Cauca, Doctorado en Tecnologías de la Información y las Comunicaciones de la Universidad de Granada España, profesor de tiempo completo de la carrera de Ingeniería de Sistemas de la Universidad de Córdoba. Director del grupo de investigación SOCRATES de la carrera de Ingeniería de Sistemas de la Universidad de Córdoba, Editor jefe de la revista Ingeniería e Innovación de la Universidad de Córdoba. Miembro y fundador de la rama estudiantil IEEE de la Universidad de Córdoba. He publicado numerosos artículos en el área de Internet de las Cosas, Context Awareness, e-learning, redes de telecomunicaciones, en diferentes revistas indexadas en los índices JCR y SCOPUS. He desarrollado proyectos de investigación relacionados con seguridad ciudadana, ciudades inteligentes, Internet de las cosas para temas de salud, entre otros. Soy el coordinador del grupo de investigación en Computación Pervasiva de la carrera de Ingeniería de Sistemas de la Universidad de Córdoba. En este grupo de investigación desarrollamos actividades de investigación orientadas a sistemas inteligentes basados en tecnologías como RFID, NFC, QRCODE, sistemas de geolocalización, sistemas ubicuos y omnipresentes. También en este semillero los estudiantes proponen soluciones en los temas antes mencionados; los miembros participan activamente dentro y fuera de la universidad en actividades de investigación. Como resultado, muchos miembros han ganado premios regionales y nacionales. Además, he participado como jurado evaluador de revistas indexadas, tesis de maestría y doctorado. También soy editor invitado de la revista Computational and Mathematical Methods in Medicine-Hindawi. He sido profesor invitado de la Corporación Universitaria de la Costa, en el doctorado de Tecnologías de la Información y las Comunicaciones, en la materia Representación semántica de la información en entornos ubicuos. He sido profesor de la Universidad Cooperativa de Colombia en Montería del 2008 al 2015, donde impartí cursos de inteligencia artificial, bases de datos y redes de telecomunicaciones. De igual forma fui docente de la Universidad del Sinú en los años 2008 al 2015, donde también fui director del grupo de investigación GNOCIX de la carrera de Ingeniería de Sistemas. He sido conferencista en eventos nacionales e internacionales. A nivel internacional fui invitado por la Universidad Técnica Estatal de Quevedo Ecuador a impartir un seminario sobre Internet de las Cosas en el año 2014. En el año 2016 fui invitado por la Universidad de Babahoyo Ecuador a impartir un seminario taller sobre Sistemas Ubicuos. He participado en convocatorias internas de investigación de la Universidad de Córdoba, así como en convocatorias externas como Minciencias. En el 2025 fui invitado al Tecnológico de Monterrey – México, a realizar una estancia de investigación en la Escuela de Ingeniería y Ciencias.

Finalmente puedo decir que con la experiencia que he tenido a lo largo de los años como profesional, he contribuido a generar nuevos conocimientos, esto se ha reflejado en los artículos que he publicado, los trabajos de posgrado que he dirigido, los cursos que he impartido y la apropiación del conocimiento a la comunidad educativa. Dentro de la Rama IEEE de la Universidad de Córdoba, he impulsado la investigación y la proyección social del conocimiento a entornos sociales que lo han requerido.

VELSSY HERNÁNDEZ RIAÑO:

Es Ingeniera de Sistemas y tiene una Maestría en Ingeniería Telemática de la Universidad Francisco José de Caldas, Colombia. Es Profesora del Departamento de Ingeniería de Sistemas y Telecomunicaciones de la Universidad de Córdoba, además es Investigadora del grupo de investigación SOCRATES. Ha publicado numerosos artículos científicos en prestigiosas revistas nacionales e internacionales. Es miembro de la rama estudiantil IEEE de la universidad de Córdoba.

INTRODUCCIÓN

Las enfermedades cardiovasculares continúan siendo la principal causa de muerte a nivel mundial y representan uno de los mayores desafíos para los sistemas de salud debido a su elevada prevalencia, impacto clínico y costos asociados al diagnóstico y tratamiento. En este contexto, la ecocardiografía se ha consolidado como una de las técnicas de imagen más utilizadas para la evaluación de la función cardíaca, ya que permite obtener información anatómica y funcional del corazón de manera no invasiva, en tiempo real, sin exposición a radiación ionizante y con un costo considerablemente menor que otras modalidades de imagen. Entre los parámetros más importantes obtenidos mediante ecocardiografía se encuentran el volumen del ventrículo izquierdo y la fracción de eyección, indicadores fundamentales para el diagnóstico, seguimiento y pronóstico de múltiples patologías cardiovasculares.

La obtención de estos parámetros depende, en gran medida, de una segmentación precisa del ventrículo izquierdo. Tradicionalmente, este proceso es realizado de forma manual por especialistas, quienes delimitan el endocardio y el epicardio en las fases de fin de diástole (End-Diastole, ED) y fin de sístole (End-Systole, ES). Aunque este procedimiento constituye el estándar clínico, presenta limitaciones importantes relacionadas con el tiempo requerido para el análisis, la variabilidad intra e interobservador y la dependencia de la experiencia del operador. Estas limitaciones adquieren mayor relevancia en instituciones con un alto volumen de estudios ecocardiográficos, donde la necesidad de herramientas automáticas y reproducibles resulta cada vez más evidente.

Durante los últimos años, el desarrollo de técnicas basadas en aprendizaje profundo (Deep Learning) ha transformado significativamente el procesamiento de imágenes médicas. En particular, las arquitecturas de segmentación semántica han demostrado una capacidad sobresaliente para identificar estructuras anatómicas complejas, aprendiendo automáticamente representaciones espaciales y texturales a partir de grandes conjuntos de datos. Modelos como U-Net y sus variantes han sido ampliamente utilizados en aplicaciones biomédicas debido a su capacidad para preservar información espacial mediante conexiones de salto (skip connections) y recuperar detalles anatómicos durante el proceso de decodificación. Posteriormente, arquitecturas más recientes, como UNet++, TransUNet y SegFormer, han incorporado mejoras orientadas a fortalecer la extracción de características multiescala y la modelación de dependencias de largo alcance, incrementando el desempeño en diversas tareas de segmentación médica.

A pesar de estos avances, la implementación práctica de modelos de inteligencia artificial en ecocardiografía continúa enfrentando desafíos importantes. Las imágenes ecocardiográficas presentan ruido speckle, variaciones en la calidad de adquisición, diferencias anatómicas entre pacientes y artefactos propios del ultrasonido que dificultan la delimitación precisa de las estructuras cardíacas. Adicionalmente, muchos estudios se centran exclusivamente en reportar métricas de segmentación, sin abordar aspectos relacionados con la integración de los modelos en herramientas que puedan ser utilizadas por profesionales de la salud durante su práctica clínica.

En este contexto, el presente estudio tuvo como objetivo desarrollar e implementar un sistema automatizado para la segmentación del ventrículo izquierdo en imágenes ecocardiográficas utilizando una arquitectura basada en UNet++, que fue la que mejor tuvo desempeño en el entrenamiento dentro de las evaluadas. Para garantizar una evaluación robusta y reproducible, el entrenamiento se realizó utilizando el conjunto de datos público CAMUS mediante un esquema de validación cruzada de diez particiones (10-fold cross-validation), en el cual la división de los datos se efectuó a nivel de paciente para evitar la fuga de información entre entrenamiento y validación. Asimismo, se incorporaron estrategias de aumento de datos, normalización de intensidades, funciones de pérdida combinadas, optimización mediante AdamW, planificación dinámica de la tasa de aprendizaje y un mecanismo de detención temprana (early stopping) orientado a prevenir el sobreajuste del modelo.

Como resultado del proceso de entrenamiento, se obtuvo un modelo capaz de segmentar automáticamente las estructuras cardíacas de interés durante las fases de fin de diástole y fin de sístole, permitiendo la delimitación tanto del endocardio como del epicardio del ventrículo izquierdo. Además del entrenamiento del modelo, se desarrolló un flujo completo de evaluación que incluyó la generación automática de curvas de aprendizaje, matrices de confusión, curvas ROC, métricas geométricas ampliamente utilizadas en la literatura, como el coeficiente Dice, la distancia media de superficie (ASSD) y la distancia de Hausdorff al percentil 95 (HD95), así como procedimientos de posprocesamiento para mejorar la continuidad anatómica de las segmentaciones obtenidas.

Uno de los principales aportes de este trabajo fue la implementación de una interfaz gráfica de usuario, diseñada para facilitar la utilización del modelo por parte del personal clínico. Esta interfaz permite cargar estudios ecocardiográficos, visualizar las imágenes originales, ejecutar automáticamente el proceso de segmentación y presentar de forma simultánea las máscaras generadas por el modelo. Adicionalmente, la herramienta incorpora el cálculo automático del volumen ventricular mediante el método de discos de Simpson y la estimación de la fracción de eyección del ventrículo izquierdo, proporcionando al usuario información cuantitativa que tradicionalmente requiere un proceso manual de delineación. De esta manera, la interfaz constituye un entorno integrado que combina algoritmos de inteligencia artificial con funcionalidades orientadas a apoyar el análisis clínico y reducir el tiempo necesario para la evaluación ecocardiográfica.

En conjunto, este estudio demuestra que la integración de técnicas modernas de aprendizaje profundo con herramientas de visualización e interacción puede contribuir al desarrollo de sistemas de apoyo al diagnóstico más eficientes, reproducibles y potencialmente transferibles al entorno clínico. La combinación de un entrenamiento sistemático basado en validación cruzada, un modelo de segmentación de alto desempeño y una interfaz gráfica funcional representa un paso importante hacia la automatización del análisis ecocardiográfico, ofreciendo una plataforma que no solo facilita la segmentación del ventrículo izquierdo, sino que también proporciona los elementos necesarios para la cuantificación automática de parámetros funcionales esenciales en la evaluación cardiovascular.

CAPÍTULO I. EL PROBLEMA DE INVESTIGACIÓN

1.1. Planteamiento del problema

Las enfermedades cardiovasculares (ECV) constituyen una de las principales causas de mortalidad y discapacidad en todo el mundo, lo que representa un importante desafío para los sistemas de salud debido a su elevada prevalencia y a la necesidad de realizar diagnósticos oportunos que permitan mejorar el pronóstico de los pacientes (Banerjee & Paçal, 2025; Global Burden of Cardiovascular Diseases and Risks 2023 Collaborators, 2023; Saeed et al., 2025). En este contexto, las técnicas de imagen cardíaca desempeñan un papel fundamental, debido a que proporcionan información anatómica y funcional indispensable para el diagnóstico, la evaluación de la función ventricular, la planificación terapéutica y el seguimiento de múltiples patologías cardiovasculares (Pandey & Rathore, 2025).

Entre las diferentes modalidades de imagen médica, la ecocardiografía se ha consolidado como una de las herramientas diagnósticas más utilizadas debido a que permite una evaluación no invasiva de la estructura y función cardíaca, presenta un bajo costo relativo, no emplea radiación ionizante y ofrece imágenes en tiempo real. Su uso es ampliamente aceptado para la evaluación de la insuficiencia cardíaca, las enfermedades valvulares, las miocardiopatías y otras alteraciones cardiovasculares (Sevilla et al., 2013). Sin embargo, el proceso de adquisición e interpretación de las imágenes continúa dependiendo en gran medida de la experiencia del operador, lo que favorece la aparición de variabilidad intraobservador e interobservador durante la evaluación clínica (Raissi-Dehkordi et al., 2025).

Dentro del análisis ecocardiográfico, la segmentación del ventrículo izquierdo constituye una etapa crítica, ya que sirve como base para la cuantificación de parámetros funcionales ampliamente utilizados en la práctica clínica, entre ellos el volumen telediastólico (EDV), el volumen telesistólico (ESV) y la fracción de eyección del ventrículo izquierdo (LVEF). La exactitud de estas mediciones depende directamente de la correcta delimitación de las estructuras cardíacas, por lo que una segmentación imprecisa puede afectar la evaluación funcional del corazón y, en consecuencia, influir en las decisiones clínicas posteriores (Raissi-Dehkordi et al., 2025; Song et al., 2022; Toyooka et al., 2023).

A pesar de los avances en las tecnologías de imagen, la segmentación continúa realizándose de forma manual en numerosos escenarios clínicos. Este procedimiento requiere un elevado nivel de experiencia por parte del especialista, demanda una cantidad considerable de tiempo y presenta limitaciones derivadas de la variabilidad entre observadores (Skoczylas et al., 2026). Además, la presencia de ruido, artefactos, diferencias anatómicas entre pacientes y variaciones en la calidad de las imágenes dificulta la obtención de segmentaciones precisas y reproducibles, lo que limita la eficiencia de los sistemas de apoyo al diagnóstico y de los procesos posteriores de reconstrucción y análisis cardíaco (Song et al., 2022; Nazari et al., 2025).

En respuesta a estas limitaciones, la inteligencia artificial, particularmente mediante técnicas de *Machine Learning* y *Deep Learning*, ha experimentado un crecimiento significativo en el análisis de imágenes cardiovasculares. Diversos estudios de revisión reportan que estas técnicas han permitido automatizar tareas como la clasificación de vistas ecocardiográficas, la segmentación de estructuras cardíacas, la cuantificación automática de parámetros funcionales y la predicción de resultados clínicos, contribuyendo a mejorar la eficiencia diagnóstica y a reducir la variabilidad asociada al análisis manual (Raissi-Dehkordi et al., 2025; Yan et al., 2025; Myśliwiec et al., 2026).

No obstante, la literatura reciente también señala que la adopción clínica de estos modelos aún enfrenta importantes desafíos. Entre las limitaciones más reportadas se encuentran la escasa capacidad de generalización cuando los modelos son evaluados sobre datos provenientes de diferentes instituciones, la limitada interpretabilidad de las decisiones generadas por las redes neuronales profundas y las dificultades para integrar estas herramientas dentro de los flujos de trabajo clínicos habituales (Raissi-Dehkordi et al., 2025). Asimismo, las revisiones sistemáticas indican que una proporción importante de los modelos desarrollados continúa dependiendo de conjuntos de datos limitados y presenta escasa validación externa, lo que dificulta su transferencia hacia escenarios clínicos reales (Banerjee & Paçal, 2025).

1.2. JUSTIFICACIÓN

La incorporación de técnicas de Inteligencia Artificial (IA) y *Deep Learning* en el análisis de imágenes cardiovasculares ha generado avances significativos en la automatización de tareas como la segmentación anatómica, la cuantificación funcional y el apoyo al diagnóstico clínico. Diversos estudios de revisión coinciden en que estas tecnologías tienen el potencial de mejorar la precisión diagnóstica, reducir la variabilidad entre observadores y optimizar los flujos de trabajo clínicos mediante el análisis automático de imágenes ecocardiográficas (Raissi-Dehkordi et al., 2025; Yan et al., 2025).

La segmentación automática del ventrículo izquierdo constituye uno de los componentes fundamentales dentro de estos sistemas, debido a que representa la base para la estimación de parámetros clínicos ampliamente utilizados en la evaluación de la función cardíaca, como el volumen telediastólico (EDV), el volumen telesistólico (ESV) y la fracción de eyección del ventrículo izquierdo (LVEF). En consecuencia, mejorar la precisión y robustez de los métodos de segmentación puede contribuir a obtener mediciones más consistentes y reproducibles, favoreciendo el proceso de evaluación clínica (Song et al., 2022).

Durante los últimos años se han desarrollado numerosas arquitecturas de *Deep Learning* para la segmentación cardíaca, incluyendo redes convolucionales, modelos basados en mecanismos de atención y arquitecturas híbridas que combinan CNN y Transformers. Las revisiones recientes muestran que estos enfoques han incrementado el desempeño respecto a métodos tradicionales; sin embargo, también señalan que no existe un modelo universalmente superior para todos los escenarios clínicos y modalidades de imagen, debido a las diferencias existentes entre conjuntos de datos, protocolos de adquisición, poblaciones de pacientes y condiciones anatómicas (Alnasser et al., 2024; Pandey & Rathore, 2025).

De igual manera, la literatura identifica diversos desafíos que continúan limitando la adopción clínica de los modelos de IA. Entre ellos destacan la limitada capacidad de generalización cuando los modelos son evaluados con datos externos, la dependencia de grandes volúmenes de imágenes anotadas para el entrenamiento, la escasa interpretabilidad de las predicciones generadas por redes neuronales profundas y la necesidad de validar los modelos en entornos clínicos reales antes de su implementación rutinaria (Raissi-Dehkordi et al., 2025; Banerjee & Paçal, 2025).

En este contexto, resulta pertinente desarrollar y evaluar metodologías que permitan comparar diferentes arquitecturas de *Deep Learning* para la segmentación del ventrículo izquierdo bajo un protocolo de evaluación homogéneo y reproducible. La comparación sistemática de modelos utilizando las mismas condiciones de entrenamiento y validación puede proporcionar evidencia objetiva sobre sus fortalezas y limitaciones, facilitando la selección de arquitecturas con mejor desempeño para aplicaciones clínicas específicas. Esta necesidad es consistente con las recomendaciones planteadas por las revisiones recientes, las cuales enfatizan la importancia de realizar evaluaciones robustas y comparativas que favorezcan la futura integración de estas tecnologías en la práctica clínica (Alnasser et al., 2024; Raissi-Dehkordi et al., 2025).

Por lo anterior, el presente trabajo se justifica por la necesidad de contribuir al análisis comparativo de arquitecturas de *Deep Learning* para la segmentación automática del ventrículo izquierdo en imágenes ecocardiográficas, proporcionando evidencia experimental obtenida bajo un protocolo uniforme de entrenamiento y evaluación. Asimismo, se busca aportar información que facilite la selección de modelos con potencial para su incorporación en sistemas de apoyo al diagnóstico, contribuyendo al desarrollo de herramientas computacionales orientadas a mejorar la eficiencia y consistencia del análisis ecocardiográfico.

1.3. OBJETIVOS

1.3.1. Objetivo general

Desarrollar un sistema basado en técnicas de *Deep Learning* para la segmentación del ventrículo izquierdo en imágenes ecocardiográficas, con el fin de evaluar su desempeño mediante métricas cuantitativas y determinar su potencial como herramienta de apoyo al diagnóstico cardiopatías.

1.3.2. Objetivos específicos

1. Implementar diferentes arquitecturas de *Deep Learning* para la segmentación del ventrículo izquierdo en imágenes ecocardiográficas, empleando un conjunto de datos previamente preprocesado y anotado.

2. Entrenar y validar las arquitecturas implementadas mediante un protocolo experimental estandarizado basado en validación cruzada de diez particiones (*10-fold cross-validation*), incorporando estrategias para evitar *data leakage*, optimización del proceso de aprendizaje y prevención del sobreajuste.

3. Comparar el desempeño de las arquitecturas utilizando métricas cuantitativas de segmentación, tales como el coeficiente Dice, *Intersection over Union* (IoU), precisión, sensibilidad, especificidad y otras métricas relevantes, complementando el análisis con pruebas estadísticas para determinar la existencia de diferencias significativas entre los modelos evaluados.

4. Desarrollar un prototipo funcional basado en la arquitectura de Deep Learning con mejor desempeño para la predicción de un diagnóstico ecocardiográfico.

CAPÍTULO II. METODOLOGÍA

2.1. Enfoque de la investigación

La presente investigación se desarrollará bajo un enfoque cuantitativo, debido a que se fundamenta en la medición objetiva del desempeño de diferentes arquitecturas de *Deep Learning* mediante indicadores cuantitativos de segmentación y análisis estadísticos. El estudio busca comparar el comportamiento de diversos modelos utilizando un protocolo experimental controlado que permita evaluar su capacidad para segmentar automáticamente el ventrículo izquierdo en imágenes ecocardiográficas.

2.2. Tipo de investigación

La investigación corresponde a un estudio aplicado, debido a que utiliza técnicas de inteligencia artificial para resolver un problema específico en el área del diagnóstico cardiovascular. Asimismo, posee un carácter experimental y comparativo, ya que se implementan diferentes arquitecturas de *Deep Learning* bajo las mismas condiciones experimentales con el propósito de comparar objetivamente su desempeño.

2.3. Diseño metodológico

La metodología se estructuró en cuatro fases, cada una asociada a uno de los objetivos específicos de la investigación.

2.3.1. Fase I. Implementación de arquitecturas de Deep Learning

Esta fase comprende la implementación de diferentes arquitecturas de *Deep Learning* para la segmentación automática del ventrículo izquierdo.

Inicialmente se utilizará un conjunto de imágenes ecocardiográficas previamente anotadas por especialistas, garantizando la disponibilidad de las máscaras de referencia (*ground truth*) necesarias para el entrenamiento supervisado.

Posteriormente se realizará el preprocesamiento de las imágenes, incluyendo actividades como:

- estandarización del tamaño de entrada;
- normalización de intensidades;
- verificación de la correspondencia imagen-máscara;
- eliminación de registros inconsistentes;
- organización del conjunto de datos por pacientes.

Con el conjunto de datos preparado se implementarán las arquitecturas seleccionadas para el estudio. Todas las arquitecturas serán desarrolladas utilizando el mismo entorno computacional y las mismas condiciones de entrenamiento, garantizando que las diferencias observadas dependan exclusivamente de las características propias de cada modelo.

2.3.2. Fase II. Entrenamiento y validación de los modelos

Las arquitecturas serán entrenadas mediante un protocolo experimental uniforme basado en validación cruzada estratificada de diez particiones (10-fold cross-validation).

El protocolo contempla:

- división del conjunto de datos a nivel de paciente para evitar *data leakage*;
- utilización de nueve particiones para entrenamiento y una para validación en cada iteración;
- repetición del procedimiento hasta completar los diez pliegues;
- rotación completa de todos los pacientes como conjunto de validación.

Durante el entrenamiento se emplearán estrategias orientadas a mejorar la capacidad de generalización de los modelos, entre ellas:

- aumento de datos (*data augmentation*);
- inicialización mediante pesos preentrenados (*transfer learning*);
- optimización mediante AdamW;
- programación dinámica de la tasa de aprendizaje (*learning rate scheduler*);
- criterio de parada temprana (*early stopping*);
- almacenamiento automático del modelo con mejor desempeño (*Model Checkpoint*).

Este protocolo permitirá obtener una estimación robusta del rendimiento de cada arquitectura reduciendo el sesgo asociado a una única división entrenamiento-prueba.

2.3.3. Fase III. Evaluación comparativa de las arquitecturas

Finalizado el entrenamiento, cada arquitectura será evaluada utilizando exclusivamente las imágenes pertenecientes al conjunto de validación correspondiente a cada partición.

El desempeño será cuantificado mediante métricas ampliamente utilizadas en segmentación médica, entre ellas:

- Dice Similarity Coefficient (DSC)
- Intersection over Union (IoU)
- Precision
- Recall (Sensibilidad)
- Specificity
- Accuracy
- F1-score
- Hausdorff Distance (si aplica)
- Tiempo promedio de inferencia

Los resultados obtenidos en cada una de las diez particiones serán consolidados para calcular:

- media;

- desviación estándar;
- intervalo de confianza.

Posteriormente se realizará un análisis estadístico para determinar la existencia de diferencias significativas entre las arquitecturas evaluadas.

Debido a que todos los modelos serán evaluados sobre los mismos subconjuntos de validación, inicialmente se aplicará la prueba de Friedman para comparar múltiples modelos relacionados. En caso de identificarse diferencias estadísticamente significativas ($p < 0.05$), se efectuarán comparaciones pareadas mediante la prueba de rangos con signo de Wilcoxon, incorporando la correspondiente corrección por comparaciones múltiples.

2.3.4. Fase IV. Desarrollo del prototipo funcional

Con base en los resultados obtenidos en la fase anterior, se seleccionará la arquitectura que presente el mejor desempeño considerando simultáneamente las métricas de segmentación, la estabilidad entre particiones y los resultados del análisis estadístico.

Sobre esta arquitectura se desarrollará un prototipo funcional orientado al apoyo del diagnóstico ecocardiográfico.

El prototipo permitirá:

- cargar imágenes ecocardiográficas;
- ejecutar automáticamente la segmentación del ventrículo izquierdo;
- visualizar la máscara segmentada;

- mostrar el diagnóstico generado por el modelo;
- presentar indicadores de confianza de la predicción.

Finalmente, el funcionamiento del prototipo será verificado mediante pruebas funcionales utilizando imágenes no empleadas durante el entrenamiento del modelo.

2.3.5 Variables de evaluación

En la tabla I, se describen las variables involucradas en este estudio

Tabla I. Variables de evaluación

Variable	Tipo	Indicadores
Arquitectura de Deep Learning	Independiente	Modelo implementado
Desempeño de segmentación	Dependiente	Dice, IoU, Precision, Recall, Specificity, Accuracy, F1-score
Robustez del modelo	Dependiente	Media, desviación estándar, estabilidad entre folds
Desempeño estadístico	Dependiente	Friedman, Wilcoxon, tamaño del efecto
Funcionalidad del prototipo	Dependiente	Correcta ejecución de segmentación y predicción

2.3.6 Matriz metodológica

En la tabla II, se resume la matriz metodológica de este trabajo de investigación

Tabla II. Matriz metodológica

Objetivo específico	Actividades	Técnicas	Instrumentos	Producto esperado
Implementar diferentes arquitecturas de Deep Learning para la segmentación del ventrículo izquierdo en imágenes ecocardiográficas .	Preprocesamiento de imágenes, organización del conjunto de datos, implementación de las arquitecturas seleccionadas y configuración del entorno de entrenamiento.	Desarrollo experimental e implementación computacional.	Dataset ecocardiográfico anotado, Python, PyTorch, CUDA, Google Colab/servidor GPU.	Arquitecturas implementadas y listas para entrenamiento.

Entrenar y validar las arquitecturas implementadas mediante un protocolo experimental estandarizado basado en validación cruzada de diez particiones.	Configuración del entrenamiento, validación cruzada 10-fold, aumento de datos, prevención de data leakage, optimización del aprendizaje y control del sobreajuste mediante early stopping.	Experimentació n controlada.	Framework de Deep Learning, GPU, registros de entrenamiento (logs), pesos de los modelos.	Modelos entrenados y validados bajo un protocolo uniforme.
Comparar el desempeño de las arquitecturas utilizando métricas cuantitativas de segmentación y pruebas estadísticas.	Cálculo de métricas de segmentación, consolidación de resultados, comparación estadística mediante Friedman y Wilcoxon, generación de Grad-CAM e interpretación de resultados.	Análisis cuantitativo y estadístico.	Métricas (Dice, IoU, Accuracy, Precision, Recall, Specificity, F1-score), pruebas estadísticas, Grad-CAM.	Comparación objetiva de las arquitecturas e identificación del mejor modelo.
Desarrollar un prototipo funcional basado en la arquitectura con mejor desempeño para la predicción de un diagnóstico ecocardiográfico.	Integración del modelo seleccionado, desarrollo de la interfaz, implementación del flujo de inferencia, pruebas funcionales y validación del prototipo.	Desarrollo de software y pruebas funcionales.	Framework de desarrollo (por ejemplo, Streamlit, Gradio o aplicación web), modelo entrenado, imágenes ecocardiográficas .	Prototipo funcional para la segmentación automática y apoyo al diagnóstico ecocardiográfico .

CAPÍTULO III. ESTADO DEL ARTE

3.1. Inteligencia artificial en la ecocardiografía

La ecocardiografía constituye una de las modalidades de imagen más utilizadas para la evaluación de la estructura y función cardíaca debido a su carácter no invasivo, su disponibilidad y su capacidad para proporcionar información dinámica en tiempo real. Esta técnica es ampliamente empleada en el diagnóstico y seguimiento de enfermedades como la insuficiencia cardíaca, las valvulopatías, las cardiomiopatías y diversas patologías congénitas (Nolan y Thavendiranathan, 2019). Sin embargo, la interpretación de las imágenes continúa dependiendo en gran medida de la experiencia del operador y del cardiólogo, lo que genera variabilidad intraobservador e interobservador, además de requerir procesos manuales que consumen tiempo y pueden afectar la reproducibilidad de los resultados (Raissi-Dehkordi et al., 2025).

Durante los últimos años, el avance de la inteligencia artificial (IA), particularmente del *Machine Learning* (ML) y el *Deep Learning* (DL), ha impulsado una transformación significativa en el análisis de imágenes médicas. De acuerdo con Raissi-Dehkordi et al. (2025), estas tecnologías han permitido automatizar múltiples tareas dentro de la ecocardiografía, incluyendo la clasificación automática de vistas ecocardiográficas, la segmentación de estructuras cardíacas, la estimación de la fracción de eyección del ventrículo izquierdo y la predicción de desenlaces clínicos. Los autores destacan que estas herramientas contribuyen a reducir la variabilidad asociada a la interpretación humana, mejorar la consistencia diagnóstica y optimizar los flujos de trabajo clínicos mediante procesos automatizados de análisis de imágenes.

De manera complementaria, (Yan et al.,2025) señalan que la integración de la inteligencia artificial en el diagnóstico asistido por ultrasonido ha favorecido no solo la automatización del análisis de imágenes, sino también la adquisición inteligente de las imágenes ecográficas, la evaluación automática de su calidad y la detección objetiva de lesiones en diferentes órganos. En particular, destacan que las redes neuronales convolucionales (*Convolutional Neural Networks*, CNN) se han consolidado como la arquitectura predominante para el procesamiento de imágenes ecográficas, permitiendo mejorar la precisión diagnóstica y disminuir la carga de trabajo del personal médico. Asimismo, los autores enfatizan que la inteligencia artificial está promoviendo una transición hacia sistemas de apoyo al diagnóstico más estandarizados, precisos y accesibles, especialmente en regiones con disponibilidad limitada de especialistas (Yan et al., 2025).

No obstante, a pesar de los avances alcanzados, la literatura coincide en que la implementación clínica de estos modelos todavía enfrenta importantes desafíos. (Raissi-Dehkordi et al., 2025) indican que muchos algoritmos presentan dificultades para generalizar cuando son evaluados sobre poblaciones diferentes a aquellas utilizadas durante el entrenamiento, además de mantener limitaciones relacionadas con la interpretabilidad de los modelos y su integración dentro del flujo clínico habitual. De forma similar, (Yan et al., 2025) resaltan que aún existe escasa evidencia proveniente de estudios clínicos multicéntricos y que es necesario realizar evaluaciones rigurosas que permitan demostrar la efectividad, confiabilidad y seguridad de estas tecnologías antes de su incorporación sistemática en la práctica médica.

En este contexto, la segmentación automática de estructuras cardíacas se ha convertido en una de las áreas de mayor interés dentro de la inteligencia artificial aplicada a la ecocardiografía. La delimitación precisa del ventrículo izquierdo constituye un paso esencial para la cuantificación automática de parámetros funcionales como el volumen telesistólico, el volumen telediastólico y la fracción de eyección, los cuales representan indicadores fundamentales para el diagnóstico y seguimiento de múltiples enfermedades cardiovasculares (Raissi-Dehkordi et al., 2025).

3.2 Evolución de la segmentación cardíaca mediante *Deep Learning*

La segmentación de imágenes médicas constituye uno de los procesos fundamentales dentro de los sistemas de diagnóstico asistido por computador, debido a que permite delimitar de forma precisa las estructuras anatómicas de interés para su posterior análisis cuantitativo. En el ámbito cardiovascular, la segmentación del ventrículo izquierdo, del miocardio y de las cavidades cardíacas es indispensable para calcular parámetros clínicos como la fracción de eyección, los volúmenes ventriculares y el grosor miocárdico, los cuales son ampliamente utilizados para el diagnóstico y seguimiento de diversas enfermedades cardiovasculares (Song et al., 2022).

Tradicionalmente, la segmentación cardíaca se realizaba mediante técnicas basadas en procesamiento digital de imágenes, como métodos de detección de bordes, crecimiento de regiones, modelos deformables (*Active Contours*) y enfoques basados en umbrales. Aunque estas metodologías representaron un avance importante durante varios años, su desempeño depende considerablemente de la calidad de la imagen, el contraste entre tejidos y la presencia de ruido o artefactos. En consecuencia, presentan dificultades para segmentar estructuras cardíacas con anatomías complejas o imágenes adquiridas bajo condiciones clínicas variables (Song et al., 2022).

El surgimiento del *Deep Learning* transformó este escenario al permitir que los modelos aprendieran automáticamente representaciones jerárquicas directamente desde los datos, eliminando la necesidad de diseñar manualmente características (*handcrafted features*). Según (Song et al., 2022), las redes neuronales profundas han demostrado una capacidad significativamente superior para identificar patrones anatómicos complejos, siendo actualmente el paradigma dominante en segmentación de imágenes cardíacas. Los autores destacan que estos modelos han mejorado notablemente la sensibilidad y precisión respecto a los métodos tradicionales, favoreciendo además la reconstrucción tridimensional y el análisis funcional del corazón.

De forma similar, (Alnasser et al., 2024), en una revisión sistemática centrada en la segmentación de estructuras cardíacas mediante tomografía computarizada, concluyen que el *Deep Learning* ha revolucionado la segmentación automática gracias a su capacidad para modelar relaciones espaciales complejas y adaptarse a diferentes variaciones anatómicas. Su análisis muestra una clara evolución desde arquitecturas convolucionales convencionales hacia modelos más sofisticados que incorporan mecanismos de atención, aprendizaje multiescala y arquitecturas híbridas, permitiendo mejorar tanto la precisión como la robustez de las segmentaciones obtenidas.

Uno de los principales factores que impulsó esta evolución fue el desarrollo de arquitecturas específicas para segmentación semántica. Entre ellas, U-Net marcó un punto de inflexión al introducir una estructura tipo codificador-decodificador (*encoder–decoder*) con conexiones de salto (*skip connections*), permitiendo recuperar información espacial perdida durante el proceso de extracción de características. A partir de esta arquitectura surgieron numerosas variantes, como UNet++, ResUNet, Attention U-Net y nnU-Net, cada una orientada a mejorar aspectos específicos relacionados con la precisión de los contornos, la propagación del gradiente o la adaptación automática a diferentes conjuntos de datos (Kaba et al., 2023; Alnasser et al., 2024).

La revisión realizada por (Kaba et al., 2023) evidencia esta evolución al comparar distintas arquitecturas para la segmentación de arterias coronarias. En su estudio, U-Net obtuvo el mejor desempeño frente a ResUNet-a y UNet++, alcanzando un coeficiente Dice de 0.8467 y un índice de Jaccard de 0.7454. Estos resultados demuestran que, aunque han surgido arquitecturas más complejas, los modelos basados en U-Net continúan constituyendo un referente debido a su equilibrio entre precisión, estabilidad y costo computacional.

Más recientemente, la investigación ha evolucionado hacia arquitecturas que integran redes convolucionales con mecanismos basados en *Transformers*. El objetivo de estos modelos híbridos consiste en combinar la capacidad de las CNN para capturar características locales con la habilidad de los *Transformers* para modelar dependencias globales dentro de la imagen. Un ejemplo de esta tendencia es BiCLIP-nnFormer, propuesto por (Wang et al., 2025), el cual incorpora representaciones multimodales derivadas de modelos CLIP para enriquecer la información espacial utilizada durante la segmentación. Los autores reportan mejoras en la representación de características y en la precisión de segmentación sin incrementar significativamente el costo computacional, evidenciando la creciente importancia de los modelos híbridos en la investigación reciente.

Otra línea de investigación reciente corresponde al uso de modelos generativos para incrementar la disponibilidad de datos de entrenamiento. (Jabbar et al., 2025) propusieron un marco denominado GenDeep, que integra redes generativas adversariales (GAN) con DeepLab para sintetizar imágenes cardíacas y mejorar la generalización del modelo diagnóstico. Este enfoque busca superar uno de los principales problemas del aprendizaje profundo en medicina: la disponibilidad limitada de imágenes anotadas de alta calidad. Los resultados reportados muestran que la generación sintética de datos puede incrementar el rendimiento de los modelos cuando los conjuntos de entrenamiento son reducidos, favoreciendo además una mayor capacidad de generalización.

No obstante, a pesar del notable progreso alcanzado, la literatura coincide en que la segmentación automática de imágenes cardíacas continúa enfrentando importantes desafíos. Entre los más relevantes se encuentran la variabilidad entre modalidades de imagen, la heterogeneidad anatómica entre pacientes, la dependencia de anotaciones manuales realizadas por expertos y la escasez de protocolos experimentales homogéneos que permitan comparar objetivamente diferentes arquitecturas. Asimismo, diversas revisiones resaltan que una parte considerable de los estudios continúa validándose únicamente sobre bases de datos públicas y carece de validaciones externas que permitan confirmar su aplicabilidad clínica (Song et al., 2022; Alnasser et al., 2024).

3.3 Arquitecturas de *Deep Learning* aplicadas a la segmentación cardíaca

El rápido crecimiento del *Deep Learning* ha impulsado el desarrollo de numerosas arquitecturas orientadas a la segmentación automática de imágenes médicas. En el ámbito cardiovascular, estas arquitecturas buscan mejorar la delimitación precisa de estructuras anatómicas como el ventrículo izquierdo, el miocardio, las aurículas y los grandes vasos, facilitando posteriormente la cuantificación automática de parámetros funcionales y estructurales utilizados durante el diagnóstico clínico (Song et al., 2022).

Las primeras investigaciones se fundamentaron principalmente en las Redes Neuronales Convolucionales (*Convolutional Neural Networks*, CNN), debido a su capacidad para aprender automáticamente características espaciales directamente desde las imágenes. Estas arquitecturas demostraron una capacidad superior frente a los métodos tradicionales al reducir la dependencia de la extracción manual de características y mejorar considerablemente la precisión de la segmentación. Según

(Song et al., 2022), las CNN permitieron establecer el punto de partida para el desarrollo de modelos especializados en imágenes cardíacas, convirtiéndose en la base de la mayoría de arquitecturas utilizadas actualmente.

Uno de los avances más importantes fue la aparición de U-Net, arquitectura que introdujo una estructura simétrica de codificación y decodificación conectada mediante *skip connections*. Esta estrategia permitió recuperar información espacial de alta resolución perdida durante el proceso de extracción de características profundas, mejorando significativamente la segmentación de estructuras anatómicas pequeñas y de bordes complejos. Debido a su elevada precisión y relativa simplicidad, U-Net continúa siendo considerada el estándar de referencia para múltiples tareas de segmentación médica (Kaba et al., 2023).

Posteriormente surgieron diferentes variantes cuyo propósito fue superar algunas limitaciones de la arquitectura original. Entre ellas destacan UNet++, que incorpora conexiones densas entre los niveles del codificador y el decodificador para disminuir la brecha semántica entre las características profundas y superficiales; ResUNet, que integra bloques residuales para facilitar el entrenamiento de redes más profundas; y Attention U-Net, que añade mecanismos de atención para enfatizar automáticamente las regiones anatómicas de mayor relevancia clínica. Estas modificaciones buscan mejorar la precisión de la segmentación, especialmente en imágenes con bajo contraste o anatomías complejas (Alnasser et al., 2024).

Una evolución particularmente importante corresponde a nnU-Net, arquitectura que automatiza gran parte del diseño experimental mediante la adaptación dinámica de hiperparámetros, estrategias de preprocesamiento y configuración del entrenamiento según las características específicas de cada conjunto de datos. De acuerdo con (Salimi et al., 2025), esta arquitectura demostró un desempeño robusto para la segmentación automática del corazón completo y de sus principales componentes en imágenes PET, obteniendo coeficientes Dice superiores a 0.93 para la segmentación global y manteniendo un comportamiento consistente durante la validación externa y entre diferentes radiotrazadores. Estos resultados evidencian la capacidad de nnU-Net para adaptarse a distintos escenarios clínicos sin requerir una configuración manual exhaustiva.

Más recientemente, la comunidad científica ha orientado sus esfuerzos hacia arquitecturas basadas en Vision Transformers (ViT) y modelos híbridos CNN-Transformer. A diferencia de las CNN, cuya capacidad de representación está limitada principalmente al contexto local de la imagen, los Transformers permiten modelar dependencias espaciales de largo alcance mediante mecanismos de autoatención (*Self-Attention*). Esta característica resulta especialmente útil para imágenes médicas, donde la relación anatómica entre estructuras alejadas puede aportar información relevante durante la segmentación (Wang et al., 2025).

Entre estas propuestas destaca BiCLIP-nnFormer, arquitectura que incorpora conocimiento multimodal proveniente de modelos CLIP previamente entrenados para enriquecer la representación de características dentro de nnFormer. Según (Wang et al., 2025), la integración de información visual y textual permite mejorar la precisión de la segmentación sin incrementar significativamente la complejidad computacional, constituyendo una alternativa prometedora para futuras aplicaciones clínicas donde la disponibilidad de datos anotados es limitada.

Otra línea de investigación ampliamente explorada corresponde al empleo de Redes Generativas Antagónicas (GAN) para incrementar la cantidad y diversidad de imágenes disponibles durante el entrenamiento. La escasez de imágenes médicas anotadas continúa siendo una de las principales limitaciones del *Deep Learning* en medicina. En este sentido, (Jabbar et al., 2025) desarrollaron el modelo GenDeep, que combina una GAN con DeepLab para generar imágenes cardíacas sintéticas y mejorar el proceso de entrenamiento del modelo segmentador. Los autores reportan mejoras en la capacidad de generalización y en el desempeño diagnóstico al aumentar artificialmente la variabilidad del conjunto de entrenamiento.

De manera complementaria, (Pandey y Rathore, 2025) señalan que las investigaciones recientes también han comenzado a integrar arquitecturas basadas en Graph Convolutional Networks (GCN), Statistical Shape Models (SSM) y modelos generativos para mejorar la reconstrucción tridimensional del corazón. Estas técnicas permiten representar con mayor fidelidad las variaciones anatómicas individuales y facilitan aplicaciones avanzadas como la planificación quirúrgica, la simulación cardiovascular y la medicina personalizada. No obstante, los autores enfatizan que el éxito de estas arquitecturas continúa dependiendo de la calidad de la segmentación inicial obtenida sobre las imágenes médicas.

A pesar del continuo desarrollo de nuevas arquitecturas, las revisiones sistemáticas coinciden en que no existe actualmente un modelo que pueda considerarse universalmente superior para todas las modalidades de imagen cardíaca. Alnasser et al. (2024) indican que el desempeño de cada arquitectura depende de factores como la modalidad de imagen (ecocardiografía, resonancia magnética, tomografía computarizada o PET), el tamaño del conjunto de entrenamiento, la calidad de las anotaciones, el protocolo de validación y las métricas utilizadas durante la evaluación. En consecuencia, recomiendan realizar comparaciones bajo condiciones experimentales homogéneas que permitan identificar objetivamente las fortalezas y limitaciones de cada arquitectura antes de su implementación clínica.

3.4. Análisis comparativo de investigaciones recientes sobre segmentación cardíaca mediante *Deep Learning*

Durante los últimos cinco años, la investigación en segmentación cardíaca ha experimentado un crecimiento acelerado debido al desarrollo de nuevas arquitecturas de *Deep Learning* y a la disponibilidad de bases de datos públicas para entrenamiento y validación de modelos. Sin embargo, el análisis de la literatura evidencia que la mayoría de los estudios han sido desarrollados sobre modalidades de imagen diferentes, empleando protocolos experimentales heterogéneos que dificultan la comparación objetiva entre los modelos propuestos.

Una de las revisiones más completas corresponde al trabajo de (Song et al., 2022), quienes analizaron la evolución de las técnicas de segmentación cardíaca desde los métodos tradicionales hasta los enfoques basados en aprendizaje profundo. Los autores concluyen que las redes neuronales profundas han desplazado prácticamente a las técnicas clásicas gracias a su mayor capacidad para modelar estructuras anatómicas complejas y reducir la intervención manual durante el proceso de segmentación. No obstante, también señalan que la presencia de ruido, artefactos, diferencias anatómicas entre pacientes y variaciones en la calidad de las imágenes continúa representando uno de los principales desafíos para alcanzar segmentaciones completamente automáticas y robustas en escenarios clínicos reales (Song et al., 2022).

Desde una perspectiva específica de la tomografía computarizada, En (Alnasser et al., 2024) realizaron una revisión sistemática sobre la segmentación automática de estructuras cardíacas mediante *Deep Learning*. Su estudio evidencia que arquitecturas como U-Net, nnU-Net, V-Net, ResUNet y diferentes variantes con mecanismos de atención dominan actualmente esta área de investigación debido a su elevada precisión y estabilidad. Sin embargo, los autores resaltan que los trabajos analizados presentan una considerable heterogeneidad en cuanto a bases de datos, protocolos de entrenamiento y métricas de evaluación, situación que limita la comparación directa entre modelos y dificulta identificar una arquitectura claramente superior (Alnasser et al., 2024).

Resultados similares fueron reportados por (Pandey y Rathore, 2025) en su revisión sobre reconstrucción cardíaca tridimensional basada en *Deep Learning*. Los autores describen una evolución desde arquitecturas puramente convolucionales hacia modelos híbridos que integran *Graph Convolutional Networks* (GCN), modelos estadísticos de forma y redes generativas adversariales (GAN). Estas estrategias permiten representar con mayor fidelidad la anatomía cardíaca y mejorar la reconstrucción tridimensional; sin embargo, su desempeño continúa dependiendo directamente de la precisión alcanzada durante la etapa inicial de segmentación, lo que confirma que esta sigue siendo uno de los componentes críticos dentro de todo el flujo de procesamiento cardiovascular (Pandey & Rathore, 2025).

Las investigaciones orientadas a aplicaciones específicas también evidencian avances importantes. En (Bruns et al., 2022) desarrollaron un modelo basado en redes convolucionales tridimensionales para la segmentación del corazón completo en tomografía computarizada dinámica, evaluando más de 1.500 pacientes. Los resultados obtenidos demuestran que el aprendizaje profundo puede mantener un desempeño consistente incluso sobre grandes volúmenes de información clínica, consolidando la viabilidad de estas arquitecturas para aplicaciones de alta complejidad (Bruns et al., 2022).

En imágenes PET, en (Salimi et al., 2025) propusieron un enfoque basado en nnU-Net para segmentar directamente las imágenes funcionales sin depender de estudios de tomografía computarizada registrados previamente. Los autores obtuvieron coeficientes Dice superiores a 0.93 para la segmentación global del corazón y demostraron que el modelo mantenía un comportamiento estable durante la validación externa y entre diferentes radiotrazadores, evidenciando un adecuado nivel de robustez y capacidad de generalización (Salimi et al., 2025).

Por otra parte, la incorporación de arquitecturas híbridas constituye una de las tendencias más recientes. En (Wang et al., 2025) desarrollaron BiCLIP-nnFormer, un modelo que combina representaciones multimodales obtenidas mediante modelos CLIP con la arquitectura nnFormer para enriquecer la información utilizada durante la segmentación. Los resultados muestran mejoras en la representación de características anatómicas y en la precisión de segmentación sin incrementar significativamente el costo computacional, lo que evidencia el potencial de integrar información multimodal en futuras aplicaciones clínicas (Wang et al., 2025).

Asimismo, en (Jabbar et al., 2025) propusieron el modelo GenDeep, el cual integra una red generativa adversarial (GAN) con DeepLab para aumentar artificialmente la cantidad de imágenes disponibles durante el entrenamiento. Los autores demostraron que la generación de imágenes sintéticas contribuye a mejorar la capacidad de generalización y el desempeño diagnóstico cuando los conjuntos de entrenamiento son limitados, abordando una de las principales restricciones del aprendizaje profundo aplicado a imágenes médicas (Jabbar et al., 2025).

En el contexto específico de la ecocardiografía, en (Raissi-Dehkordi et al., 2025) destacan que la segmentación automática del ventrículo izquierdo constituye una de las aplicaciones con mayor impacto potencial dentro de la inteligencia artificial aplicada al ultrasonido cardíaco. Sin embargo, los autores advierten que aún existen importantes limitaciones relacionadas con la generalización de los modelos, la interpretabilidad de las decisiones generadas por las redes neuronales y la escasez de validaciones clínicas multicéntricas, factores que restringen su incorporación sistemática en la práctica clínica (Raissi-Dehkordi et al., 2025).

De forma consistente, en (Yan et al., 2025) señalan que, aunque la inteligencia artificial ha incrementado significativamente la precisión diagnóstica en imágenes de ultrasonido, todavía son necesarios protocolos estandarizados que permitan evaluar objetivamente diferentes arquitecturas utilizando las mismas condiciones experimentales. Además, enfatizan la necesidad de fortalecer la validación clínica y desarrollar modelos más interpretables para incrementar la confianza de los profesionales de la salud (Yan et al., 2025).

3.5. Síntesis del estado del arte y vacío de investigación

La revisión de la literatura evidencia que la inteligencia artificial, y particularmente el *Deep Learning*, ha transformado significativamente el análisis de imágenes médicas durante la última década. En el ámbito cardiovascular, estas tecnologías han permitido automatizar procesos complejos como la segmentación de estructuras anatómicas, la cuantificación funcional del corazón y el apoyo al diagnóstico clínico. Las revisiones recientes coinciden en que los modelos de aprendizaje profundo han alcanzado niveles de precisión que superan ampliamente a los métodos tradicionales basados en procesamiento digital de imágenes, consolidándose como la principal línea de investigación en segmentación cardíaca (Song et al., 2022; Raissi-Dehkordi et al., 2025).

La evolución de las arquitecturas también muestra una tendencia claramente definida. Inicialmente, las investigaciones se concentraron en redes neuronales convolucionales, especialmente en arquitecturas derivadas de U-Net, debido a su elevada capacidad para preservar la información espacial durante el proceso de segmentación. Posteriormente surgieron variantes que incorporaron conexiones residuales, mecanismos de atención, aprendizaje multiescala y estrategias automáticas de configuración como nnU-Net. Más recientemente, la integración de *Vision Transformers*, modelos multimodales y arquitecturas híbridas ha ampliado las posibilidades para representar dependencias espaciales de largo alcance y mejorar la capacidad de generalización de los modelos (Alnasser et al., 2024; Wang et al., 2025).

No obstante, el análisis comparativo de las investigaciones revisadas permite identificar varias limitaciones que aún restringen la adopción clínica de estas tecnologías. En primer lugar, la mayoría de los estudios evalúan sus modelos utilizando diferentes conjuntos de datos, tamaños muestrales y protocolos experimentales, lo que dificulta realizar comparaciones objetivas entre arquitecturas. Asimismo, existen diferencias importantes en las estrategias de preprocesamiento, partición de datos, aumento de imágenes, optimización y selección de métricas de evaluación, generando resultados que no siempre son directamente comparables (Alnasser et al., 2024; Yan et al., 2025).

Otra limitación identificada corresponde a la escasa estandarización de los procedimientos de validación. Diversos estudios emplean particiones simples de entrenamiento y prueba, mientras que otros utilizan validación cruzada con diferentes configuraciones, dificultando la estimación real de la capacidad de generalización de los modelos. De igual manera, pocas investigaciones describen explícitamente mecanismos para prevenir problemas como el *data leakage*, aspecto que puede conducir a sobreestimar el rendimiento de los algoritmos y afectar la reproducibilidad de los resultados (Raissi-Dehkordi et al., 2025).

La revisión también evidencia que gran parte de la investigación reciente se ha desarrollado utilizando imágenes de tomografía computarizada, resonancia magnética o tomografía por emisión de positrones. Aunque estos estudios han contribuido significativamente al desarrollo metodológico de la segmentación automática, sus resultados no pueden extrapolarse directamente a la ecocardiografía debido a las características particulares de esta modalidad de imagen, como la presencia de ruido tipo *speckle*, el bajo contraste entre tejidos, la variabilidad en los planos de adquisición y la fuerte dependencia del operador durante la captura de las imágenes (Song et al., 2022; Raissi-Dehkordi et al., 2025).

Adicionalmente, aunque las arquitecturas más recientes han demostrado mejoras progresivas en términos de precisión, persisten desafíos relacionados con la interpretabilidad de los modelos, la disponibilidad de bases de datos suficientemente grandes y diversas, y la necesidad de validar los algoritmos en poblaciones heterogéneas y escenarios clínicos reales. Tanto en (Yan et al., 2025) como en (Raissi-Dehkordi et al., 2025) coinciden en que estos aspectos representan actualmente algunas de las principales barreras para la incorporación rutinaria de la inteligencia artificial en la práctica clínica.

En consecuencia, se identifica un vacío de investigación relacionado con la ausencia de estudios que comparen de manera sistemática diferentes arquitecturas modernas de *Deep Learning* para la segmentación automática del ventrículo izquierdo en imágenes ecocardiográficas utilizando un protocolo experimental homogéneo. La literatura revisada muestra que las comparaciones existentes suelen involucrar modalidades de imagen distintas, conjuntos de datos diferentes o configuraciones experimentales no equivalentes, lo que limita la identificación objetiva de las fortalezas y debilidades de cada arquitectura.

Por tanto, en el presente estudio, se busca contribuir al estado del conocimiento mediante la evaluación comparativa de diferentes arquitecturas de *Deep Learning* bajo condiciones experimentales estandarizadas. Para ello, se implementará un protocolo común que incluirá estrategias uniformes de preprocesamiento, validación cruzada de diez particiones, mecanismos para prevenir *data leakage*, técnicas de regularización para evitar el sobreajuste y un análisis estadístico del desempeño de los modelos mediante métricas de segmentación ampliamente aceptadas. Este enfoque permitirá realizar una comparación objetiva entre las arquitecturas evaluadas y generar evidencia que contribuya a orientar la selección de modelos con mayor potencial para futuras aplicaciones clínicas en ecocardiografía.

CAPÍTULO IV. MARCO CONCEPTUAL

4.1. Ecocardiografía

La ecocardiografía es una técnica de imagen médica basada en ultrasonido que permite visualizar en tiempo real la anatomía y el funcionamiento del corazón mediante la emisión y recepción de ondas sonoras de alta frecuencia. Debido a su carácter no invasivo, ausencia de radiación ionizante, bajo costo y amplia disponibilidad, constituye una de las herramientas diagnósticas más utilizadas para la evaluación de enfermedades cardiovasculares. Además de proporcionar información estructural sobre las cavidades cardíacas y las válvulas, la ecocardiografía permite analizar la dinámica del ciclo cardíaco y estimar parámetros funcionales fundamentales para el diagnóstico clínico (Raissi-Dehkordi et al., 2025; Yan et al., 2025).

La información obtenida mediante ecocardiografía resulta esencial para la detección y seguimiento de patologías como insuficiencia cardíaca, cardiomiopatías, enfermedades valvulares y alteraciones congénitas. Sin embargo, la calidad de las imágenes puede verse afectada por ruido tipo *speckle*, sombras acústicas, variabilidad en la posición del transductor y diferencias anatómicas entre pacientes, factores que incrementan la complejidad del análisis automático y representan uno de los principales retos para los sistemas basados en inteligencia artificial (Song et al., 2022).

4.2. Ventrículo izquierdo

El ventrículo izquierdo es la principal cavidad de bombeo del corazón y tiene la función de impulsar sangre oxigenada hacia la circulación sistémica a través de la aorta. Debido a su importancia fisiológica, múltiples parámetros clínicos derivados de su análisis son utilizados para evaluar la función cardíaca, entre ellos el volumen telediastólico (EDV), el volumen telesistólico (ESV) y la fracción de eyección del ventrículo izquierdo (LVEF), considerados indicadores fundamentales para el diagnóstico y seguimiento de numerosas enfermedades cardiovasculares (Song et al., 2022).

La delimitación precisa de los contornos endocárdicos del ventrículo izquierdo constituye un requisito indispensable para la estimación confiable de estos parámetros. Tradicionalmente, esta segmentación ha sido realizada manualmente por especialistas, procedimiento que requiere experiencia clínica y presenta variabilidad entre observadores. Como consecuencia, la automatización de este proceso mediante técnicas de *Deep Learning* representa una de las principales líneas de investigación en el análisis de imágenes cardíacas (Raissi-Dehkordi et al., 2025).

4.3. Segmentación de imágenes médicas

La segmentación de imágenes médicas consiste en el proceso de identificar y delimitar automáticamente las diferentes estructuras anatómicas presentes en una imagen mediante la asignación de una etiqueta a cada píxel o vóxel. Este procedimiento constituye una etapa fundamental dentro del procesamiento de imágenes médicas, ya que permite cuantificar estructuras anatómicas, calcular parámetros funcionales y facilitar la planificación de tratamientos y procedimientos clínicos (Song et al., 2022).

En imágenes cardíacas, la segmentación automática facilita la delimitación precisa del ventrículo izquierdo, el miocardio y otras estructuras cardiovasculares, permitiendo posteriormente calcular parámetros utilizados para la evaluación funcional del corazón. El desarrollo del *Deep Learning* ha incrementado significativamente la precisión de estos procesos al aprender automáticamente representaciones complejas directamente desde las imágenes, reduciendo la dependencia de técnicas tradicionales de procesamiento digital (Alnasser et al., 2024).

4.4. Inteligencia Artificial

La inteligencia artificial (IA) comprende un conjunto de técnicas computacionales orientadas a desarrollar sistemas capaces de realizar tareas que normalmente requieren inteligencia humana, tales como reconocimiento de patrones, aprendizaje, razonamiento y toma de decisiones. En medicina, la IA ha adquirido un papel relevante debido a su capacidad para analizar grandes volúmenes de datos clínicos e imágenes médicas, apoyando el diagnóstico, el pronóstico y la planificación terapéutica (Yan et al., 2025).

Dentro del análisis de imágenes médicas, la IA ha permitido automatizar procesos tradicionalmente manuales, disminuyendo la variabilidad diagnóstica y aumentando la eficiencia clínica. En ecocardiografía, estas aplicaciones incluyen la clasificación automática de vistas, la segmentación de estructuras cardíacas, la cuantificación funcional y el apoyo a la toma de decisiones clínicas (Raissi-Dehkordi et al., 2025).

4.5. Machine Learning

El *Machine Learning* constituye una rama de la inteligencia artificial enfocada en el desarrollo de algoritmos capaces de aprender patrones a partir de datos sin necesidad de ser programados explícitamente para cada tarea. Estos algoritmos construyen modelos predictivos mediante el análisis estadístico de grandes conjuntos de información y posteriormente aplican el conocimiento aprendido a nuevos datos.

En imágenes médicas, el *Machine Learning* ha sido utilizado para tareas de clasificación, detección de lesiones, segmentación y predicción clínica. Sin embargo, el desempeño de los métodos tradicionales depende en gran medida de la calidad de las características extraídas manualmente, limitación que impulsó posteriormente el desarrollo del *Deep Learning* (Song et al., 2022).

4.6. Deep Learning

El *Deep Learning* representa una evolución del *Machine Learning* basada en redes neuronales profundas capaces de aprender automáticamente representaciones jerárquicas de los datos mediante múltiples capas de procesamiento. A diferencia de los métodos convencionales, estas arquitecturas eliminan la necesidad de diseñar manualmente características, aprendiendo directamente desde las imágenes durante el proceso de entrenamiento.

Según (Song et al., 2022), esta capacidad ha convertido al *Deep Learning* en el paradigma dominante para la segmentación automática de imágenes cardíacas, permitiendo obtener resultados significativamente superiores a los alcanzados mediante técnicas tradicionales. Su aplicación ha favorecido la automatización del análisis de imágenes médicas, mejorando la precisión y la reproducibilidad de los procesos diagnósticos.

4.7. Redes Neuronales Convolucionales (Convolutional Neural Networks, CNN)

Las Redes Neuronales Convolucionales (*Convolutional Neural Networks*, CNN) constituyen una de las arquitecturas más importantes dentro del *Deep Learning* para el procesamiento y análisis de imágenes. Estas redes fueron diseñadas para aprender automáticamente representaciones espaciales a partir de los datos de entrada, eliminando la necesidad de definir manualmente características como bordes, texturas o formas. Gracias a esta capacidad, las CNN se han consolidado como la base de numerosos sistemas de visión por computador y análisis de imágenes médicas (Song et al., 2022).

A diferencia de las redes neuronales tradicionales, las CNN incorporan operaciones de convolución que permiten extraer patrones locales mediante filtros aprendidos automáticamente durante el entrenamiento. Estos filtros identifican inicialmente características simples, como líneas y bordes, para posteriormente reconocer patrones anatómicos de mayor complejidad en las capas profundas de la red. Este mecanismo facilita la representación jerárquica de la información visual y mejora la capacidad de generalización de los modelos frente a nuevas imágenes (Song et al., 2022).

Una CNN está compuesta principalmente por capas convolucionales, capas de activación, capas de agrupamiento (*pooling*) y capas completamente conectadas. Las capas convolucionales realizan la extracción de características mediante la aplicación de filtros sobre la imagen de entrada, mientras que las funciones de activación introducen no linealidad en el modelo. Las capas de *pooling* reducen la dimensionalidad espacial de las representaciones aprendidas, disminuyendo el costo computacional y favoreciendo la robustez frente a pequeñas variaciones en la imagen. Finalmente, las capas completamente conectadas integran la información obtenida para realizar tareas de clasificación o segmentación, dependiendo de la arquitectura utilizada.

En imágenes médicas, las CNN han demostrado una elevada capacidad para reconocer patrones anatómicos complejos incluso en presencia de ruido, bajo contraste y variabilidad entre pacientes. Esta característica resulta especialmente relevante en ecocardiografía, donde las imágenes suelen presentar artefactos propios del ultrasonido, sombras acústicas y ruido tipo *speckle*, factores que dificultan la segmentación mediante técnicas convencionales. Por esta razón, la mayoría de las arquitecturas modernas para segmentación cardíaca utilizan las CNN como componente principal para la extracción de características (Raissi-Dehkordi et al., 2025).

El éxito alcanzado por las CNN impulsó el desarrollo de numerosas arquitecturas especializadas para imágenes médicas. Entre ellas destacan U-Net y sus variantes, así como modelos más recientes que incorporan mecanismos de atención, bloques residuales y arquitecturas híbridas basadas en *Transformers*. Estas propuestas buscan mejorar la representación espacial y contextual de las imágenes con el objetivo de incrementar la precisión de la segmentación automática (Alnasser et al., 2024).

Desde el punto de vista de la presente investigación, las CNN representan el fundamento sobre el cual se construyen las arquitecturas que serán evaluadas experimentalmente. Aunque los modelos comparados incorporan diferentes estrategias para mejorar el aprendizaje de características, todos comparten el principio de extraer información relevante directamente desde las imágenes ecocardiográficas mediante procesos de aprendizaje profundo.

4.8. Arquitecturas de *Deep Learning* para segmentación de imágenes médicas

Las arquitecturas de *Deep Learning* para segmentación tienen como objetivo asignar una etiqueta a cada píxel de una imagen, permitiendo delimitar con precisión las estructuras anatómicas de interés. A diferencia de los modelos de clasificación, cuyo resultado corresponde a una única categoría para toda la imagen, las arquitecturas de segmentación generan mapas espaciales que representan la ubicación exacta de cada estructura anatómica. Esta capacidad resulta esencial en aplicaciones médicas donde pequeñas diferencias en la delimitación de los contornos pueden modificar significativamente las mediciones clínicas (Song et al., 2022).

Durante los últimos años se han desarrollado numerosas arquitecturas orientadas a mejorar la precisión de la segmentación automática. U-Net introdujo el paradigma de codificador-decodificador con conexiones de salto, convirtiéndose en el estándar para múltiples aplicaciones biomédicas. Posteriormente surgieron variantes como ResUNet, UNet++, Attention U-Net y nnU-Net, cada una incorporando mecanismos específicos para optimizar la extracción y reconstrucción de características anatómicas (Alnasser et al., 2024).

Más recientemente, la incorporación de *Vision Transformers* ha permitido modelar relaciones espaciales de largo alcance mediante mecanismos de autoatención, complementando las fortalezas de las CNN para el análisis de imágenes médicas. Estas arquitecturas híbridas representan una de las principales líneas de investigación actuales debido a su capacidad para combinar información local y global durante el proceso de segmentación (Wang et al., 2025).

En la presente investigación no se pretende desarrollar una nueva arquitectura de segmentación, sino evaluar comparativamente diferentes arquitecturas de *Deep Learning* representativas bajo un protocolo experimental homogéneo. Para ello se analizarán Unet++, TransUnet y SegFormer, seleccionadas por representar diferentes generaciones de modelos: redes convolucionales optimizadas, arquitecturas densamente conectadas, modelos convolucionales de nueva generación y arquitecturas basadas en mecanismos de atención. Esta comparación permitirá identificar sus fortalezas y limitaciones para la segmentación automática del ventrículo izquierdo en imágenes ecocardiográficas.

4.8.1. UNet++

UNet++ es una arquitectura de segmentación semántica propuesta por (Zhou et al., 2020) como una evolución de la arquitectura U-Net, diseñada para mejorar la precisión en la segmentación de imágenes médicas mediante el rediseño de las conexiones de salto (*skip connections*) entre el codificador (*encoder*) y el decodificador (*decoder*). A diferencia de U-Net, UNet++ incorpora conexiones anidadas y densas que reducen la diferencia semántica entre los mapas de características generados en ambas ramas de la red, facilitando la recuperación de detalles espaciales y mejorando la representación de estructuras anatómicas complejas.

Asimismo, la arquitectura integra un mecanismo de supervisión profunda (*deep supervision*), mediante el cual se generan salidas intermedias durante el entrenamiento para favorecer la propagación del gradiente y acelerar la convergencia del modelo. Estas características permiten que UNet++ obtenga un mejor desempeño en tareas de segmentación médica, especialmente en imágenes donde es necesario delimitar con precisión estructuras de pequeño tamaño o contornos complejos (Zhou et al., 2020).

4.8.2. TransUNet

TransUNet es una arquitectura híbrida propuesta por (Chen et al., 2021) que combina las capacidades de las redes neuronales convolucionales (CNN) y los

Vision Transformers (ViT) para la segmentación de imágenes médicas. Su diseño utiliza una CNN para extraer características locales de la imagen, mientras que un Transformer modela relaciones espaciales de largo alcance mediante mecanismos de autoatención, permitiendo capturar el contexto global de la imagen.

Posteriormente, un decodificador inspirado en U-Net reconstruye el mapa de segmentación utilizando conexiones de salto provenientes del codificador convolucional. Esta integración permite aprovechar simultáneamente la capacidad de las CNN para identificar detalles locales y la habilidad de los Transformers para representar dependencias globales, obteniendo una segmentación más precisa de estructuras anatómicas complejas (Chen et al., 2021).

4.8.3. SegFormer

SegFormer es una arquitectura de segmentación semántica basada en Transformers desarrollada por (Xie et al., 2021). Su diseño está compuesto por un codificador Transformer jerárquico que genera representaciones multiescala de la imagen y un decodificador ligero basado en perceptrones multicapa (*Multilayer Perceptron, MLP*), encargado de fusionar la información obtenida en los diferentes niveles del codificador para producir el mapa final de segmentación.

Una de las principales características de SegFormer es que elimina la necesidad de utilizar codificaciones posicionales explícitas, lo que le permite procesar imágenes de diferentes resoluciones sin modificar la arquitectura del modelo. Gracias a su diseño eficiente, SegFormer logra un adecuado equilibrio entre precisión y costo computacional, convirtiéndose en una alternativa ampliamente utilizada para tareas de segmentación semántica en visión por computador y aplicaciones biomédicas (Xie et al., 2021).

4.9 Validación cruzada (*K-Fold Cross Validation*)

La validación cruzada es una estrategia de evaluación utilizada para estimar de manera objetiva el desempeño de un modelo de aprendizaje automático. Su finalidad consiste en reducir la dependencia de una única partición entrenamiento-prueba y proporcionar una estimación más robusta de la capacidad de generalización del algoritmo.

En la validación K-Fold, el conjunto de datos se divide en K subconjuntos aproximadamente del mismo tamaño. Durante cada iteración, uno de estos subconjuntos es utilizado para la validación mientras los restantes son empleados para el entrenamiento. Este procedimiento se repite hasta que cada subconjunto ha sido utilizado una única vez como conjunto de validación.

Finalmente, el desempeño del modelo se calcula promediando los resultados obtenidos en las K iteraciones.

En la presente investigación se empleará una validación cruzada de diez particiones (10-Fold Cross Validation) debido a que proporciona un equilibrio adecuado entre precisión estadística y costo computacional. Además, esta estrategia permite reducir la influencia de particiones particulares del conjunto de datos y obtener estimaciones más estables del desempeño de cada arquitectura.

4.10. Prevención del *Data Leakage*

El Data Leakage constituye uno de los problemas metodológicos más importantes en el entrenamiento de modelos de inteligencia artificial. Ocurre cuando información perteneciente al conjunto de validación o prueba es utilizada, directa o indirectamente, durante el entrenamiento del modelo.

Esta situación genera estimaciones artificialmente elevadas del desempeño debido a que el algoritmo ha tenido acceso previo a información que posteriormente será utilizada durante la evaluación.

En imágenes médicas, el *Data Leakage* suele presentarse cuando imágenes provenientes del mismo paciente son distribuidas simultáneamente entre los conjuntos de entrenamiento y validación. Debido a la elevada similitud existente entre estas imágenes, el modelo puede memorizar características particulares del paciente en lugar de aprender patrones generales de la enfermedad.

Para evitar este problema, la presente investigación realizará la partición de los datos a nivel de paciente, garantizando que todas las imágenes correspondientes a un mismo individuo permanezcan siempre dentro del mismo subconjunto durante la validación cruzada. Esta estrategia permite obtener una estimación más realista de la capacidad de generalización del modelo y constituye una práctica recomendada en estudios de inteligencia artificial aplicada a imágenes médicas.

4.11. Sobreajuste (*Overfitting*) y regularización

El sobreajuste (*Overfitting*) ocurre cuando un modelo aprende excesivamente las características particulares del conjunto de entrenamiento, incluyendo ruido y variaciones específicas de las muestras utilizadas durante el aprendizaje. Como consecuencia, el modelo alcanza un elevado desempeño durante el entrenamiento, pero presenta una disminución significativa de su capacidad de generalización al ser evaluado sobre nuevas imágenes.

Diversas estrategias han sido propuestas para disminuir este problema. Entre las más utilizadas se encuentran:

- aumento de datos (*Data Augmentation*);
- regularización L2 (*Weight Decay*);
- abandono aleatorio de neuronas (*Dropout*);
- detención temprana (*Early Stopping*);
- validación cruzada;
- aprendizaje por transferencia.

En esta investigación se implementarán múltiples estrategias de regularización de manera simultánea con el propósito de garantizar un entrenamiento estable y evitar el sobreajuste durante la comparación experimental de las arquitecturas.

4.12. Función de pérdida (*Loss Function*)

La función de pérdida representa el criterio matemático utilizado para cuantificar la diferencia entre la segmentación predicha por el modelo y la segmentación de referencia (*Ground Truth*).

Durante el entrenamiento, el algoritmo busca minimizar continuamente este valor mediante procesos iterativos de optimización.

En problemas de segmentación médica suelen emplearse funciones de pérdida diseñadas específicamente para manejar el desbalance entre clases, entre ellas:

- Dice Loss;
- Binary Cross-Entropy;
- Focal Loss;
- Tversky Loss;
- combinaciones híbridas.

La selección de la función de pérdida influye directamente sobre la precisión alcanzada por el modelo, especialmente cuando las estructuras anatómicas representan únicamente una pequeña proporción del área total de la imagen.

En esta investigación se utilizará la misma función de pérdida para todas las arquitecturas evaluadas, garantizando que las diferencias observadas correspondan al desempeño propio de cada modelo y no a diferencias en la estrategia de optimización.

4.13. Algoritmo de optimización AdamW

El entrenamiento de una red neuronal profunda requiere un algoritmo capaz de actualizar iterativamente los pesos del modelo con el propósito de minimizar la función de pérdida.

Entre los algoritmos de optimización existentes, AdamW constituye una evolución del algoritmo Adam al desacoplar el proceso de regularización (*Weight Decay*) de la actualización de los parámetros del modelo.

Esta modificación permite mejorar la capacidad de generalización y favorecer una convergencia más estable durante el entrenamiento de redes profundas.

Debido a su eficiencia y estabilidad, AdamW ha sido ampliamente adoptado en arquitecturas modernas de visión por computador, incluyendo modelos convolucionales y arquitecturas basadas en Transformers.

En la presente investigación, todas las arquitecturas serán entrenadas utilizando AdamW bajo una configuración homogénea de hiperparámetros, permitiendo realizar una comparación objetiva de su desempeño.

4.14. Métricas de evaluación

La evaluación objetiva de los modelos de segmentación constituye una etapa fundamental para determinar su capacidad de delimitar correctamente las estructuras anatómicas presentes en las imágenes médicas. En problemas de segmentación semántica, el desempeño de un modelo no puede valorarse únicamente mediante una única métrica, ya que cada indicador proporciona información sobre un aspecto específico del comportamiento del algoritmo. Por esta razón, la presente investigación emplea un conjunto de métricas ampliamente aceptadas en la literatura para evaluar la precisión, robustez y capacidad de generalización de las arquitecturas de *Deep Learning*.

4.14.1 Matriz de confusión

La matriz de confusión constituye la base para el cálculo de múltiples métricas de evaluación en problemas de clasificación y segmentación. En el caso de la segmentación semántica, cada píxel de la imagen puede clasificarse como perteneciente al ventrículo izquierdo o al fondo de la imagen.

A partir de esta clasificación se definen cuatro posibles resultados:

- Verdaderos Positivos (TP): píxeles del ventrículo izquierdo correctamente segmentados.
- Verdaderos Negativos (TN): píxeles del fondo correctamente identificados.
- Falsos Positivos (FP): píxeles clasificados incorrectamente como pertenecientes al ventrículo izquierdo.
- Falsos Negativos (FN): píxeles del ventrículo izquierdo que el modelo no logró segmentar.

Estas cantidades constituyen la base para el cálculo de las métricas descritas a continuación.

4.14.2. Precisión (Precision)

La precisión mide la proporción de píxeles clasificados como ventrículo izquierdo que realmente pertenecen a dicha estructura anatómica.

Su expresión corresponde a:

$$\text{Precision}=\frac{TP}{TP+FP}$$

Una elevada precisión indica que el modelo produce pocos falsos positivos, evitando segmentar regiones anatómicas incorrectas.

4.14.3. Sensibilidad (Recall)

La sensibilidad, también denominada Recall o True Positive Rate, representa la capacidad del modelo para detectar correctamente todos los píxeles pertenecientes al ventrículo izquierdo.

Se calcula mediante:

$$\text{Recall}=\frac{TP}{TP+FN}$$

Valores elevados indican que el algoritmo presenta una baja cantidad de falsos negativos.

En aplicaciones clínicas esta métrica resulta especialmente importante, ya que la omisión de regiones anatómicas puede afectar directamente las mediciones funcionales del corazón.

4.14.4. Especificidad

La especificidad cuantifica la capacidad del modelo para identificar correctamente los píxeles que no pertenecen al ventrículo izquierdo.

Su expresión matemática es:

$$\text{Specificity}=\frac{TN}{TN+FP}$$

Esta métrica permite evaluar la capacidad del algoritmo para evitar segmentaciones espurias sobre regiones pertenecientes al fondo de la imagen.

4.14.5. Exactitud (Accuracy)

La exactitud representa la proporción total de píxeles correctamente clasificados respecto al número total de píxeles evaluados.

Su cálculo corresponde a:

$$\text{Accuracy}\frac{TP+TN}{TP+TN+FP+FN}$$

Aunque constituye una métrica ampliamente utilizada, en problemas de segmentación médica debe interpretarse con precaución debido al frecuente desbalance entre la cantidad de píxeles pertenecientes al fondo y aquellos correspondientes a la estructura anatómica de interés.

4.14.6. F1-Score

El F1-Score corresponde a la media armónica entre la precisión y la sensibilidad.

Su expresión matemática es:

$$F1\,Score = 2 * \frac{Precision * Recall}{Precision + Recall}$$

Esta métrica permite obtener una evaluación equilibrada cuando existe desbalance entre clases, integrando simultáneamente la capacidad del modelo para detectar correctamente la estructura anatómica y minimizar falsas segmentaciones.

CAPÍTULO V MATERIALES Y MÉTODOS

5.1. Conjunto de datos y selección para entrenamiento y pruebas

La validación experimental de este trabajo se llevó a cabo utilizando la base de datos pública CAMUS (*Cardiac Acquisitions for Multi-structure Ultrasound Segmentation*) (Leclerc et al, 2019), la cual constituye uno de los repositorios más rigurosos y documentados para el análisis automatizado en ecocardiografía bidimensional (2D). El conjunto de datos comprende adquisiciones clínicas reales de 500 pacientes optimizados para la evaluación del ventrículo izquierdo.

Para cada paciente, se seleccionaron los dos instantes clave del ciclo cardíaco a partir de secuencias en la vista apical de dos cámaras (2CH):

1. Fin de Diástole (ED): Identificado clínicamente por el marco temporal que presenta el área de la cavidad ventricular máxima.
2. Fin de Sístole (ES): Correspondiente al marco temporal con el área ventricular mínima, inmediatamente antes de la apertura de la válvula mitral.

Cada par de imágenes cuenta con sus respectivas anotaciones de referencia (*Ground Truth*) delineadas manualmente por cardiólogos expertos, dividiendo la estructura en tres clases anatómicas principales: la cavidad del ventrículo izquierdo (endocardio), el músculo miocárdico (epicardio) y el fondo o tejido circundante. Las imágenes presentan una resolución espacial nativa variable, con un espaciado de píxeles (*pixel spacing*) físico medido en milímetros, el cual se preserva en los metadatos para los cálculos volumétricos posteriores.

La selección de imágenes se realizó mediante una validación cruzada de 10 particiones (10-fold cross-validation) definida a nivel de paciente. En cada iteración, aproximadamente el 90 % de los pacientes se utilizó para el entrenamiento y el 10 % restante para la validación, garantizando que todas las imágenes correspondientes a un mismo paciente permanecieran en una única partición y evitando la fuga de información (data leakage). Para cada paciente se incluyeron las imágenes correspondientes a las fases de fin de diástole (ED) y fin de sístole (ES). Durante el entrenamiento, cuando un estudio contenía múltiples fotogramas, se seleccionó aleatoriamente un fotograma en cada época y se aplicaron técnicas de aumento de datos. En contraste, durante la validación se empleó el fotograma central de cada estudio, sin aplicar transformaciones, con el fin de garantizar una evaluación reproducible y objetiva.

5.2. Arquitecturas de Aprendizaje Profundo Evaluadas

Con el fin de establecer un análisis comparativo robusto entre diferentes paradigmas de visión por computadora, se seleccionaron e implementaron tres arquitecturas del estado del arte pertenecientes a dos familias algorítmicas distintas: las Redes Convolucionales Avanzadas (CNNs) y los Transformadores de Visión (*Vision Transformers*).

5.2.1. U-Net++ (Nested Unet)

Como representante de las arquitecturas convolucionales avanzadas, se seleccionó **U-Net++**. Esta red rediseña las conexiones de salto (*skip connections*) de la U-Net clásica, introduciendo subredes densas y anidadas que conectan los bloques del codificador (*encoder*) y decodificador (*decoder*). Esta modificación reduce la brecha semántica entre los mapas de características de ambos extremos, permitiendo capturar detalles topológicos sutiles y bordes altamente difusos, una característica inherente a los artefactos de atenuación y ruido de moteado (*speckle noise*) del ultrasonido. Para esta investigación, la red se configuró utilizando un codificador de alta capacidad previamente entrenado en ImageNet.

5.2.2. TransUNet

Representando un enfoque híbrido, **TransUNet** combina las ventajas de las CNNs y los Transformers. En lugar de procesar la imagen cruda directamente con mecanismos de atención, utiliza una red convolucional para extraer mapas de características locales de alta resolución. Posteriormente, estas características se dividen en parches (*patches*) y se alimentan a un codificador basado en *Transformers* para modelar las dependencias contextuales globales y las relaciones a larga distancia dentro del ecocardiograma.

X.2.3. SegFormer

Como arquitectura basada puramente en *Transformers*, se incorporó SegFormer. Este modelo utiliza un codificador jerárquico de transformadores libres de codificación posicional fija, lo que le permite procesar de manera eficiente contextos multiescala. El decodificador de SegFormer es una estructura ligera basada en capas lineales (MLP) que agrega las características de todas las escalas para generar la predicción final, ofreciendo una alta eficiencia computacional y un modelado global del contorno cardíaco.

5.3. Estrategia de Entrenamiento y Protocolo de Validación

Para mitigar el riesgo de sesgo por partición y garantizar la generalización estadística de los modelos, el proceso de entrenamiento y prueba se estructuró bajo un protocolo estricto de validación cruzada de 10 pliegues (10-Fold Cross-Validation).

5.3.1. Pipeline de Preprocesamiento e Inferencia

El flujo de datos para cada imagen dentro del ciclo de entrenamiento e inferencia consistió en los siguientes pasos matemáticos y geométricos:

1. Redimensión Espacial: Las imágenes originales y sus máscaras asociadas fueron redimensionadas mediante interpolación cúbica e interpolación por vecino más cercano, respectivamente, a una resolución uniforme de 256×256 píxeles para estandarizar la entrada a las redes.
2. Normalización por Contraste: Para homogeneizar la variabilidad de ganancia entre los diferentes ecógrafos del dataset, se aplicó un truncamiento de valores extremos basado en la desviación estándar:

$$\mathrm{Img}_{\mathrm{clip}} = \mathrm{clip}(\mathrm{Img}, \mu - 2\sigma, \mu + 2\sigma)$$

Donde μ representa la media y σ la desviación estándar de la intensidad de la imagen. Posteriormente, se aplicó una estandarización Z-score.

3. Inferencia y Post-procesamiento: Tras la predicción probabilística de la red (argmax de las clases), se implementó un algoritmo de filtrado morfológico para asegurar la viabilidad anatómica: se computó el etiquetado de

componentes conectados para extraer únicamente la masa aislada más grande por clase, eliminando falsos positivos flotantes (artefactos), y se aplicó un algoritmo de llenado de agujeros (*binary fill holes*). Las máscaras limpias resultantes fueron redimensionadas a las dimensiones físicas originales del paciente mediante interpolación por vecinos más cercanos para no alterar las distancias reales en milímetros.

5.4. Extracción de Métricas Clínicas e Implementación del Triage

Una de las contribuciones metodológicas clave de este trabajo es la traducción de las máscaras de segmentación geométrica bidimensionales en variables hemodinámicas y diagnósticas directas.

5.4.1. Estimación Volumétrica mediante el Método de Discos de Simpson

Para calcular los volúmenes ventriculares en mililitros (mL), se programó de forma nativa la Regla de Discos de Simpson de un Solo Plano, siguiendo las directrices de la Sociedad Americana de Ecocardiografía (ASE).

La máscara binaria del endocardio del ventrículo izquierdo se descompone horizontalmente fila por fila a lo largo del eje vertical (eje Y). Para cada fila con píxeles activos, se calcula el volumen de un cilindro (disco) infinitesimal empleando la siguiente ecuación matemática:

$$V_{\mathrm{disco}} = \frac{\pi}{4} \cdot D_i^2 \cdot h$$

Donde:

- D_i es el diámetro real del disco en milímetros, calculado multiplicando el número de píxeles activos en la fila por el espaciado horizontal físico del píxel (spacing_x).
- h es la altura del disco, equivalente al grosor vertical físico del píxel (spacing_y).

El volumen total del ventrículo izquierdo (V_{LV}) se obtiene mediante la sumatoria del volumen de todos los discos identificados, convertido a mililitros ($1\ \text{mL} = 1000\ \text{mm}^3$):

$$V_{\text{LV}} = \frac{\sum_{i=1}^{N} V_{\text{disco},i}}{1000}$$

Este procedimiento se ejecuta de manera independiente para las imágenes en orientación ED y ES, obteniendo el Volumen Fin de Diástole (V_{ED}) y el Volumen Fin de Sístole (V_{ES}). Posteriormente, la Fracción de Eyección del Ventrículo Izquierdo (FEVI) se calcula porcentualmente como:

$$\text{FEVI}(\%) = \left(\frac{V_{\text{ED}} - V_{\text{ES}}}{V_{\text{ED}}}\right) \cdot 100$$

5.4.2. Estimación del Grosor Miocárdico

El grosor de la pared miocárdica se extrajo aplicando la Transformada de Distancia Euclidiana (EDT) sobre la máscara binaria del epicardio. La EDT asigna a cada píxel perteneciente al miocardio un valor equivalente a su distancia métrica más corta hacia el borde de la estructura.

Para evitar falsos positivos provocados por bultos geométricos artificiales generados por la red en el ápex o en la base valvular, el grosor representativo de la pared se estimó mediante la Mediana Estadística (Percentil 50) de todos los valores de distancia válidos dentro de la máscara, multiplicada por dos para representar el diámetro de la pared y ajustada al espaciado físico.

5.4.3. Motor de Reglas para Triage Diagnóstico

Los valores continuos extraídos por la IA se introducen automáticamente en un módulo de lógica condicional basado en guías clínicas internacionales para clasificar el estado del paciente:

- Miocardiopatía Hipertrófica: Activada si el grosor promedio de la pared miocárdica en diástole supera los $12.0\ \mathrm{mm}$.
- Miocardiopatía Dilatada: Activada si el volumen fin de diástole (V_{ED}) excede los $150.0\ \mathrm{mL}$.
- Falla Cardíaca: Segmentada según la severidad de la FEVI; se clasifica como *Falla Cardíaca Leve* si la FEVI se encuentra entre el 40% y el 49%, y como *Falla Cardíaca Moderada/Severa* si la FEVI cae por debajo del 40.0%.
- Paciente Normal: Determinado si todas las variables estructurales y funcionales se mantienen estrictamente dentro de los rangos fisiológicos saludables.

5.5. Arquitectura del Sistema de Interfaz Gráfica (GUI)

Para viabilizar la transferencia tecnológica del entorno de investigación al entorno clínico, el ecosistema de procesamiento se integró en una aplicación web interactiva desarrollada sobre el framework Gradio.

La interfaz encapsula la complejidad computacional del modelo deep learning y de los scripts de geometría descriptiva. El backend de la aplicación recibe los dos archivos nativos en formato médico comprimido (.nii.gz), ejecuta el preprocesamiento, genera las máscaras probabilísticas con el modelo seleccionado, corre los motores analíticos de Simpson y EDT, y despliega en tiempo real una salida dual en el frontend: una visualización gráfica de las ecografías con las máscaras anatómicas superpuestas en canal RGB de transparencia alfa 45% y un panel estructurado de texto que despliega de forma inmediata las métricas clave y las alertas de triage automatizadas.

5.6. Configuración del Entrenamiento e Hiperparámetros

Para garantizar una comparación justa, reproducible y mitigar el riesgo de sobreajuste, todos los modelos arquitectónicos (U-Net++, TransUNet y SegFormer) fueron entrenados bajo un marco de trabajo estandarizado utilizando una estrategia de validación cruzada de 10 pliegues (*10-Fold Cross-Validation*). Los hiperparámetros y la configuración exacta del entorno de optimización se detallan a continuación:

- Entorno de Optimización y Algoritmos:
  - Optimizador (Modelos Convolucionales / Híbridos): Para U-Net++ y TransUNet, se utilizó el optimizador Adam debido a su eficiencia

computacional y propiedades de tasa de aprendizaje adaptativa por parámetro.

  - Optimizador (Modelos basados en Attention): Para SegFormer, se empleó AdamW (Adam con *Weight Decay* desacoplado), configurando un factor de regularización por peso (*weight decay*) de 1×10^{-4} para estabilizar los bloques de autoatención jerárquicos y prevenir el sobreajuste lineal.

- Políticas de Tasa de Aprendizaje (Learning Rate):
  - Tasa de Aprendizaje Inicial (LR_0): Se estableció una tasa base de 1×10^{-4} para asegurar transiciones de gradiente suaves en las fases tempranas del entrenamiento.
  - Planificador de LR (Scheduler): Se implementó un planificador de decaimiento basado en mesetas (*ReduceLROnPlateau*), el cual monitorizaba la pérdida de validación con una paciencia de 5 épocas y un factor de reducción de 0.5 (reduciendo la LR a la mitad ante el estancamiento de la convergencia).
- Función de Pérdida Compuesta (Loss Function):
  - Con el objetivo de mitigar el severo desbalance de clases intrínseco a las imágenes médicas (donde el fondo predomina numéricamente sobre las estructuras cardíacas), se diseñó una función de pérdida híbrida combinando la entropía cruzada binaria y el coeficiente Dice
- Control del Flujo y Parada Temprana:

- Tamaño de Lote (Batch Size): Fijado de manera uniforme en 8 o 16 imágenes por lote (ajustado según los límites de memoria VRAM de la GPU para los modelos basados en Transformers).
- Criterio de Parada Temprana (Early Stopping): Se implementó un mecanismo de parada automática configurado con una paciencia de 15 épocas sin mejoras en la pérdida de validación, deteniendo el entrenamiento para almacenar los pesos del modelo con el mejor desempeño absoluto en el conjunto de prueba respectivo.

CAPÍTULO VI. RESULTADOS

5.1. Análisis Detallado por Modelo

5.1.1. U-Net++ (Fold 10)

El modelo U-Net++ muestra una convergencia extremadamente veloz, estabilizándose por completo antes de la época 20. La brecha entre la pérdida de entrenamiento y la de validación se mantiene mínima, lo cual evidencia una excelente capacidad de generalización sin sobreajuste (*overfitting*). En la Tabla III y figura 1, se puede apreciar el desempeño de la arquitectura.

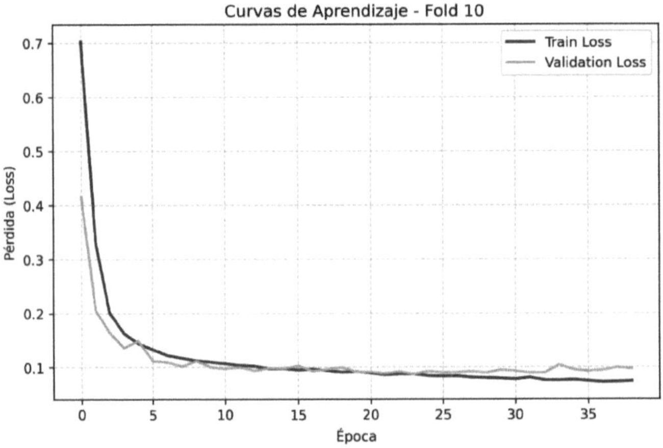

Figura 1. Curva de aprendizaje Arquitectura U-Net++

Tabla III. Resumen Arquitectura U-Net++ con 10 K-Folds

Fold	ED_LV_Endo_D	ED_LV_Endo_dm	ED_LV_Endo_dH	ED_LV_Epi_D	ED_LV_Epi_dm	ED_LV_Epi_dH	ES_LV_Endo_D	ES_LV_Endo_dm	ES_LV_Endo_dH	ES_LV_Epi_D	ES_LV_Epi_dm	ES_LV_Epi_dH
1	0.9265	0.8429	0.4693	0.9394	0.9937	0.3714	0.8802	0.9949	1.0710	0.9264	1.0880	0.5946
2	0.9310	0.8563	0.4405	0.9455	0.9602	0.2825	0.9081	0.8783	0.6993	0.9389	0.9567	0.3713

3	0.9172	0.8278	0.4990	0.9469	0.8956	0.2307	0.8977	0.8567	0.7759	0.9405	0.8965	0.3358
4	0.9316	0.7671	0.4221	0.9440	0.9427	0.2939	0.8971	0.8693	0.7884	0.9300	1.0673	0.5894
5	0.9408	0.7066	0.2963	0.9523	0.8341	0.1855	0.9111	0.7512	0.5777	0.9439	0.8639	0.2732
6	0.9396	0.8173	0.3777	0.9508	0.9653	0.2408	0.9110	0.8804	0.6695	0.9416	1.0081	0.3710
7	0.9407	0.7884	0.3224	0.9532	0.8998	0.1644	0.9204	0.8022	0.5438	0.9465	0.9018	0.2767
8	0.9374	0.7483	0.3416	0.9550	0.7959	0.1557	0.9125	0.7764	0.6113	0.9444	0.8584	0.3037
9	0.9398	0.7668	0.3172	0.9501	0.9159	0.1924	0.9178	0.7711	0.5294	0.9459	0.8782	0.2660
10	0.9364	0.7989	0.3465	0.9501	0.9322	0.1959	0.9015	0.8913	0.7475	0.9402	0.9968	0.3421
Mean ± SD	**0.9341 ± 0.0076**	**0.7920 ± 0.0461**	**0.3833 ± 0.0702**	**0.9487 ± 0.0048**	**0.9135 ± 0.0607**	**0.2313 ± 0.0678**	**0.9057 ± 0.0119**	**0.8472 ± 0.0734**	**0.7014 ± 0.1601**	**0.9398 ± 0.0067**	**0.9516 ± 0.0847**	**0.3724 ± 0.1219**

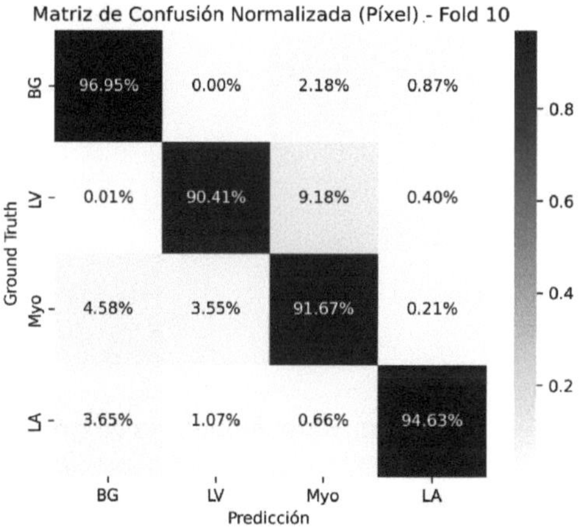

Figura 2. Matriz de confusión Arquitectura Unet++

- Matriz de Confusión (Píxel): Presenta una precisión del 94.63% en la Aurícula Izquierda (LA) y un 90.41% en el Ventrículo Izquierdo (LV). El Miocardio (Myo) se sitúa en un 91.67%. Se detecta un leve solapamiento morfológico donde el 9.18% de los píxeles verdaderos de LV se confunden con Myo (ver figura 2).

- Curvas ROC: Rendimiento casi perfecto por clase con valores de AUC excepcionales: 0.9979 para LV, 0.9914 para Myo y 0.9977 para LA (Ver figura 3).

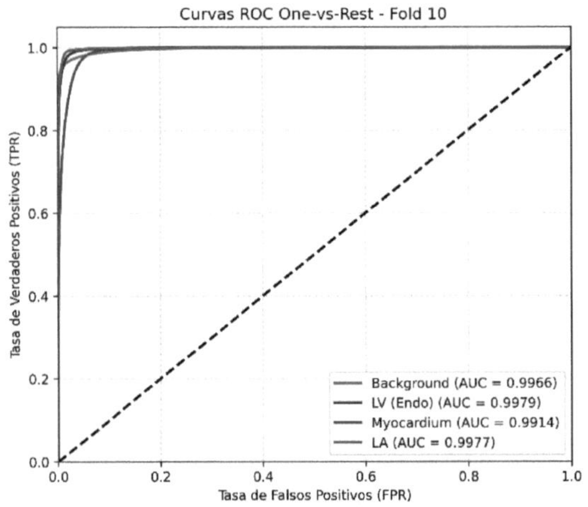

Figura 3. Curva ROC – AUC, Arquitectura U-Net++

5.1.2. TransUNet (Fold 8)

El modelo híbrido basado en Transformers muestra un aprendizaje más progresivo y suave, extendiendo su optimización hasta cerca de la época 80. La curva de validación acompaña de forma estable el descenso de la pérdida de entrenamiento (ver figura 4).

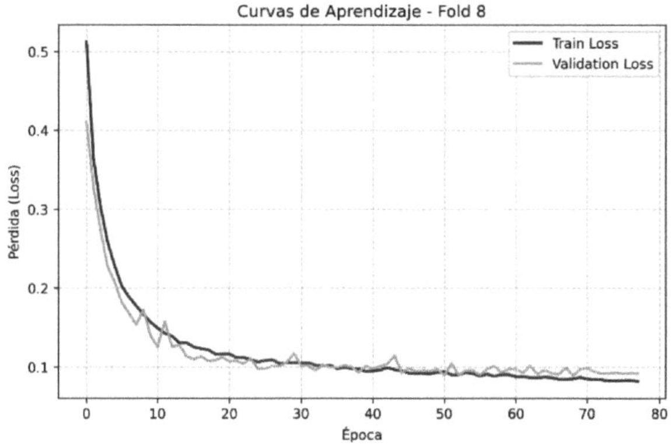

Figura . Curva de aprendizaje, Arquitectura TransUnet

- Matriz de Confusión (Píxel): Logra un incremento notable en la delimitación del Ventrículo Izquierdo (93.71%) y mantiene niveles robustos en la Aurícula Izquierda (89.55%) y el Miocardio (86.34%). Destaca una reducción en la confusión del LV hacia el Myo, bajando al 5.66% (Tabla IV y figura 5).
- Curvas ROC: Valores de AUC muy consolidados: 0.9983 para LV, 0.9926 para Myo y 0.9973 para LA (ver figura 6).

Tabla IV. Resumen Arquitectura TransUNet con 10 K-Folds

Fold	ED_LV_Endo_D	ED_LV_Endo_dm	ED_LV_Endo_dH	ED_LV_Epi_D	ED_LV_Epi_dm	ED_LV_Epi_dH	ES_LV_Endo_D	ES_LV_Endo_dm	ES_LV_Endo_dH	ES_LV_Epi_D	ES_LV_Epi_dm	ES_LV_Epi_dH
1	0.9275	0.8183	0.5263	0.9352	1.0687	0.4707	0.8851	0.8844	0.8535	0.9215	1.1485	0.6937
2	0.9208	0.8718	0.5025	0.9357	1.1477	0.4922	0.8787	0.8995	0.7142	0.9285	1.1158	0.5896
3	0.9325	0.7870	0.4227	0.9469	0.8976	0.2441	0.9102	0.7791	0.6156	0.9414	0.8827	0.3248
4	0.9274	0.8102	0.4838	0.9430	0.9569	0.3252	0.8853	0.9416	0.9149	0.9312	1.0390	0.5147
5	0.9390	0.7296	0.3246	0.9515	0.8506	0.2159	0.9096	0.7672	0.5849	0.9418	0.9026	0.3576
6	0.9353	0.8729	0.4655	0.9500	0.9778	0.2778	0.9105	0.8814	0.7060	0.9430	0.9779	0.3396
7	0.9275	0.8420	0.3906	0.9501	0.9602	0.2264	0.9089	0.8271	0.5781	0.9436	0.9452	0.3119
8	0.9373	0.7607	0.3316	0.9551	0.7961	0.1575	0.9175	0.7500	0.5169	0.9469	0.8324	0.2517
9	0.9159	0.9481	0.5981	0.9427	1.0537	0.3448	0.8921	0.9190	0.8142	0.9384	0.9071	0.3011
10	0.9382	0.7752	0.3509	0.9511	0.9147	0.1990	0.9120	0.8113	0.6192	0.9417	0.9711	0.3335

Mean ± SD	0.9301 ± 0.0080	0.8216 ± 0.0685	0.4390 ± 0.0944	0.9466 ± 0.0070	0.9624 ± 0.1075	0.2954 ± 0.1138	0.9010 ± 0.0143	0.8361 ± 0.0677	0.6918 ± 0.1310	0.9378 ± 0.0078	0.9812 ± 0.1008	0.4108 ± 0.1426

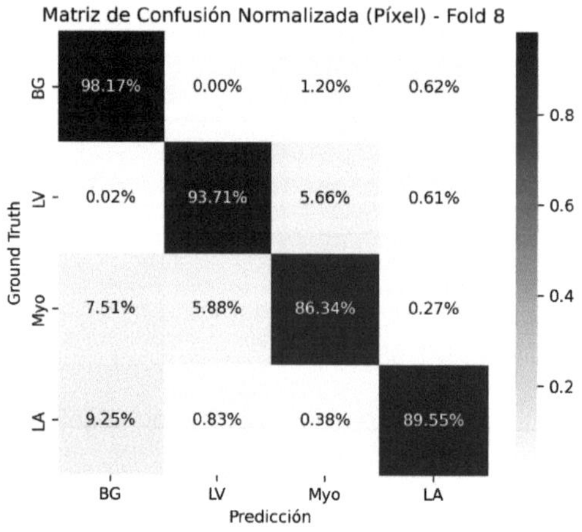

Figura 5. Matriz de confusión Arquitectura TransUnet

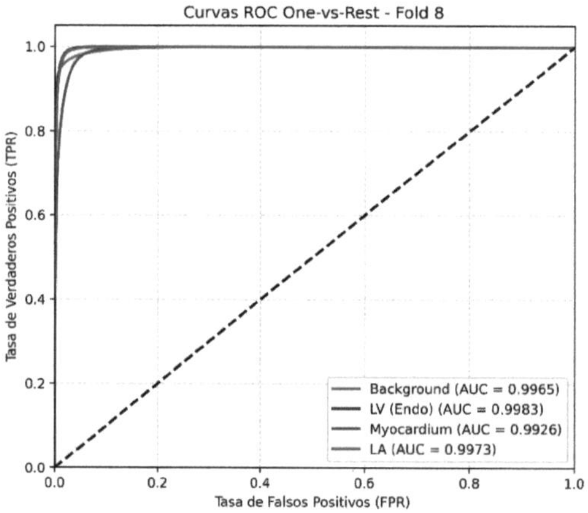

Figura 6. Curva ROC – AUC, Arquitectura TransUnet

5.1.3. SegFormer

Como se analizó previamente, SegFormer destaca por una estabilización altamente eficiente en torno a la época 30 (Ver figura 7).

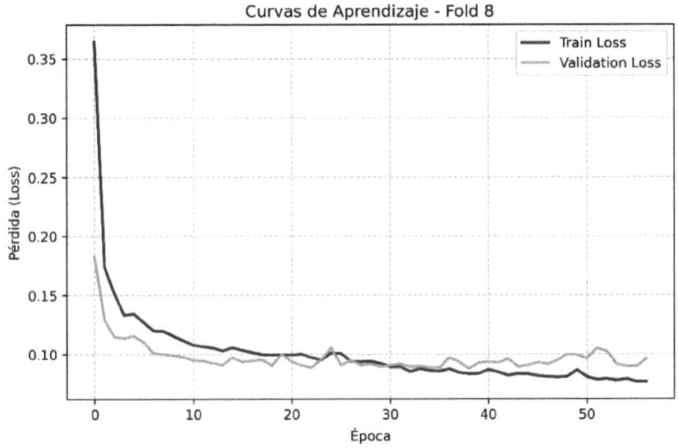

Figura 7. Curva de Aprendizaje, Arquitectura SegFormer

A nivel de píxel en el Fold 8, consiguió una clasificación muy balanceada: 91.61% en LV, 85.24% en LA y 87.32% en Myo, manteniendo un comportamiento robusto en las áreas bajo la curva (todas las clases con AUC mayor a 0.99 en análisis *One-vs-Rest*) (Ver Tabla V y figuras 8 y 9).

Tabla V. Resumen Arquitectura SegFormer con 10 K-Folds

Fold	ED_LV_Endo_D	ED_LV_Endo_dm	ED_LV_Endo_dH	ED_LV_Epi_D	ED_LV_Epi_dm	ED_LV_Epi_dH	ES_LV_Endo_D	ES_LV_Endo_dm	ES_LV_Endo_dH	ES_LV_Epi_D	ES_LV_Epi_dm	ES_LV_Epi_dH
1	0.9195	0.9157	0.6019	0.9347	1.0879	0.4879	0.8732	1.0095	1.0018	0.9220	1.1667	0.6767
2	0.9235	0.9533	0.5607	0.9392	1.0785	0.3817	0.8758	1.0218	0.9000	0.9323	1.0661	0.4793
3	0.9189	0.8297	0.4575	0.9433	0.9652	0.2987	0.9031	0.8375	0.7106	0.9380	0.9386	0.3740
4	0.9232	0.8570	0.5575	0.9366	1.0681	0.4196	0.8762	0.9603	0.9936	0.9238	1.1650	0.7087
5	0.9297	0.8398	0.4527	0.9450	0.9613	0.2824	0.8953	0.8123	0.6480	0.9353	0.9989	0.4226
6	0.9293	0.9437	0.5376	0.9485	1.0019	0.2789	0.9017	0.9567	0.7897	0.9405	1.0218	0.3765
7	0.9352	0.8686	0.3998	0.9491	0.9826	0.2258	0.9068	0.8534	0.5913	0.9415	0.9810	0.3750

8	0.9306	0.8359	0.4340	0.9523	0.8465	0.1730	0.9126	0.7953	0.5813	0.9439	0.8860	0.2752
9	0.9327	0.8605	0.4143	0.9467	0.9814	0.2512	0.9033	0.9019	0.7321	0.9398	0.9834	0.3570
10	0.9338	0.8349	0.3882	0.9516	0.9030	0.1672	0.9023	0.8975	0.7445	0.9406	0.9845	0.3490
Mean ± SD	**0.9276 ± 0.0059**	**0.8739 ± 0.0465**	**0.4804 ± 0.0769**	**0.9447 ± 0.0062**	**0.9876 ± 0.0770**	**0.2966 ± 0.1046**	**0.8950 ± 0.0144**	**0.9046 ± 0.0804**	**0.7693 ± 0.1524**	**0.9358 ± 0.0076**	**1.0192 ± 0.0906**	**0.4394 ± 0.1434**

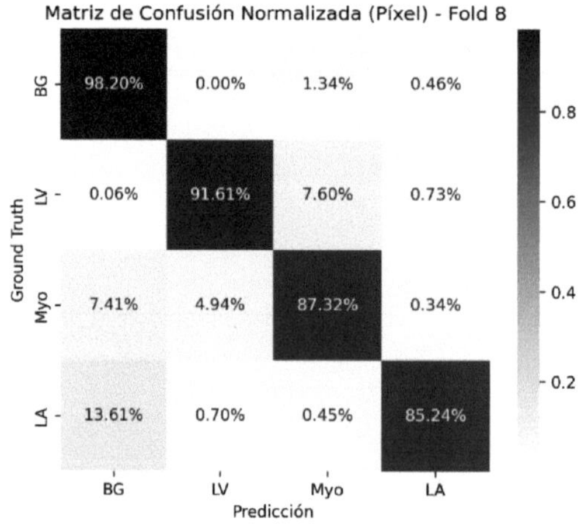

Figura 8. Matriz de confusión Arquitectura SegFormer

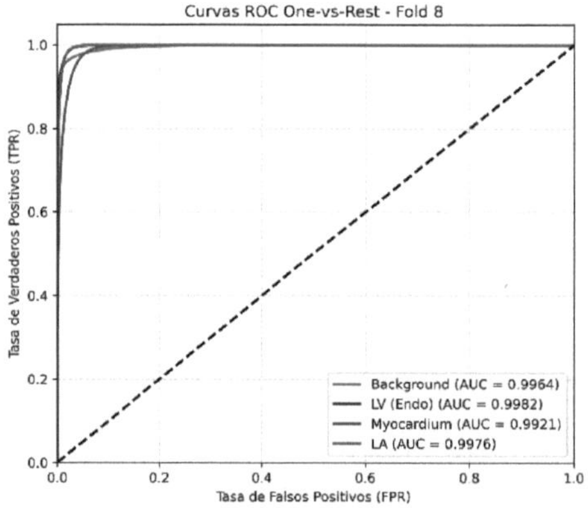

Figura 9. Curva ROC – AUC, Arquitectura SegFormer

5.2. Comparativas globales entre arquitecturas (10 Folds)

La siguiente tabla consolida la media y la desviación estándar ($\mu \pm \sigma$) obtenidas a lo largo de los 10 folds para los tres modelos en las fases de Fin de Diástole (ED) y Fin de Sístole (ES) tanto para el Endocardio (Endo) como para el Epicardio (Epi), en la tabla VI se aprecian el desempeño de los tres modelos.

Abreviaturas de Métricas: D: Coeficiente Dice (mayor es mejor) | dm: Distancia Media de Superficie (menor es mejor) | dH: Distancia de Hausdorff (menor es mejor).

Tabla VI Cuadro comparativo entre Folds

Estructura y Métrica	U-Net++ (μ±σ)	TransUNet (μ±σ)	SegFormer (μ±σ)
ED_LV_Endo_D	**0.9341 ± 0.0076**	0.9301 ± 0.0078	0.9276 ± 0.0059
ED_LV_Endo_dm	**0.7920 ± 0.0461**	0.8216 ± 0.0643	0.8739 ± 0.0465
ED_LV_Endo_dH	**0.3833 ± 0.0702**	0.4397 ± 0.0911	0.4804 ± 0.0769
ED_LV_Epi_D	**0.9487 ± 0.0048**	0.9461 ± 0.0068	0.9447 ± 0.0062
ED_LV_Epi_dm	**0.9135 ± 0.0607**	0.9624 ± 0.1058	0.9876 ± 0.0770
ED_LV_Epi_dH	**0.2313 ± 0.0678**	0.2954 ± 0.1131	0.2966 ± 0.1046
ES_LV_Endo_D	**0.9057 ± 0.0119**	0.9010 ± 0.0141	0.8950 ± 0.0144
ES_LV_Endo_dm	0.8472 ± 0.0734	**0.8461 ± 0.0679**	0.9046 ± 0.0804
ES_LV_Endo_dH	0.7014 ± 0.1601	**0.6918 ± 0.1323**	0.7693 ± 0.1524
ES_LV_Epi_D	**0.9398 ± 0.0067**	0.9378 ± 0.0081	0.9358 ± 0.0076
ES_LV_Epi_dm	**0.9516 ± 0.0847**	0.9812 ± 0.0995	1.0192 ± 0.0906
ES_LV_Epi_dH	**0.3724 ± 0.1219**	0.4108 ± 0.1413	0.4394 ± 0.1434

5.3. Análisis de Diferencias Estadísticas

Para determinar si las diferencias observadas son estadísticamente significativas, se ejecutó la prueba no paramétrica de Friedman para medidas repetidas (dado que los 10 pliegues corresponden a las mismas particiones de datos). Posteriormente, se aplicaron pruebas de Wilcoxon emparejadas como análisis *post-hoc*.

Hallazgos Clave ($p < 0.05$):

1. Superioridad de U-Net++ en Diástole (ED):
   - La métrica ED_LV_Endo_D muestra diferencias globales significativas (p = 0.0273). En el análisis por parejas, U-Net++ supera de forma contundente a SegFormer (p = 0.0039).
   - Las distancias de error (ED_LV_Endo_dm y ED_LV_Endo_dH) son críticamente menores en U-Net++ frente a SegFormer (p < 0.004).
   - Para el Epicardio en diástole (ED_LV_Epi_dH), U-Net++ logra una distancia de Hausdorff significativamente inferior tanto contra TransUNet (p = 0.0019) como contra SegFormer (p = 0.0058).
2. Comportamiento en Sístole (ES):
   - En la fase sistólica, la ventaja del coeficiente Dice de U-Net++ se mantiene estadísticamente significativa en comparación directa con SegFormer (ES_LV_Endo_D: p = 0.0273; ES_LV_Epi_D: p = 0.0058).
   - No obstante, no se registraron diferencias estadísticas significativas entre U-Net++ y TransUNet en las métricas de sístole (p > 0.05). TransUNet y U-Net++ empatan virtualmente en la precisión de los bordes internos en esta fase crítica del ciclo cardíaco.

5.4. Análisis de Robustez y Variabilidad Inter-Pliegue (K-Fold)

El comportamiento de los modelos a través de los 10 pliegues revela información crítica sobre su estabilidad ante la variabilidad anatómica de los pacientes.

- U-Net++ (Alta Consistencia): Este modelo demostró la menor oscilación en sístole para el endocardio, moviéndose en un rango estrecho con un valor mínimo de 0.8801 (Fold 1) y un máximo de 0.9204 (Fold 7). Su baja desviación estándar ($\sigma = 0.0076$ en ED) confirma que no depende de inicializaciones afortunadas ni es propenso a fallos catastróficos en subgrupos de imágenes.
- TransUNet (Sensibilidad al Ruido): Aunque logra picos excelentes (como el Dice de 0.9381 en el Fold 10 en ED), sufre caídas localizadas (un Dice de 0.9158 en el Fold 9). Esto sugiere que la arquitectura híbrida basada en *Self-Attention* (autoatención) requiere un alineamiento de características globales más homogéneo y puede ser ligeramente más sensible a artefactos de ruido acústico clásicos del ecocardiograma.
- SegFormer (Techo de Aprendizaje Limitado): Presenta una variabilidad controlada, pero con un desplazamiento general hacia valores inferiores. Su mejor pliegue en diástole (0.9352 en el Fold 7) apenas iguala el rendimiento promedio de U-Net++.

Para validar rigurosamente el rendimiento a través de los 10 folds, se ha implementado el protocolo estadístico estándar para la comparación de múltiples algoritmos de aprendizaje supervisado:

1. Prueba Global de Friedman: Determina si al menos uno de los modelos difiere significativamente del resto en cada métrica.
2. Prueba Post-hoc de Wilcoxon (Paired Signed-Rank Test): Evalúa de forma emparejada la diferencia entre cada par de modelos.
3. Corrección de Holm-Bonferroni: Ajusta secuencialmente los p-valores del análisis post-hoc para controlar estrictamente la Tasa de Error por Familia (FWER) y evitar los falsos positivos derivados de las comparaciones múltiples, ver tabla VII.

Tabla VII. Análisis Estadístico (P-valores Ajustados)

Estructura y Métrica	Friedman (p-global)	U-Net++ vs TransUNet (padj)	U-Net++ vs SegFormer (padj)	TransUNet vs SegFormer (padj)
ED_LV_Endo_D	**0.0273 ***	0.3867	**0.0117 ***	0.3867
ED_LV_Endo_dm	**0.0012 ***	0.2324	**0.0059 ***	0.0977
ED_LV_Endo_dH	**0.0033 ***	0.168	**0.0117 ***	0.168
ED_LV_Epi_D	**0.0273 ***	0.0977	**0.0117 ***	0.2754
ED_LV_Epi_dm	**0.0055 ***	0.0547	**0.0117 ***	0.2754
ED_LV_Epi_dH	**0.0022 ***	**0.0059 ***	**0.0117 ***	0.7695
ES_LV_Endo_D	0.0672	0.4922	0.082	0.0977
ES_LV_Endo_dm	**0.0074 ***	0.1309	**0.0273 ***	**0.0117 ***
ES_LV_Endo_dH	0.1496	0.9219	0.2617	0.0586
ES_LV_Epi_D	0.0608	0.2754	**0.0176 ***	0.2617
ES_LV_Epi_dm	**0.0247 ***	0.2324	**0.0117 ***	0.0977
ES_LV_Epi_dH	0.0608	0.4648	**0.0293 ***	0.4648

- Nota de lectura: Los valores mostrados para las comparaciones de Wilcoxon ya incluyen la penalización/corrección secuencial de Holm-Bonferroni. Un valor de $p_{adj} < 0.05$ denota una diferencia estadísticamente significativa.

La corrección de Holm-Bonferroni confirma de forma rotunda que U-Net++ es significativamente superior a SegFormer en prácticamente todo el espectro de evaluación:

- En Diástole (ED): Supera a SegFormer en solapamiento (Dice Endo: $p_{\text{adj}} = 0.0117$) y reduce drásticamente el error de distancia superficial media (dm: $p_{\text{adj}} = 0.0059$) y contornos extremos (dH: $p_{\text{adj}} = 0.0117$).
- En Sístole (ES): A pesar de que la contracción ventricular dificulta la tarea, U-Net++ sostiene ventajas estadísticamente significativas contra SegFormer en las distancias del epicardio (dm: $p_{\text{adj}} = 0.0117$; dH: $p_{\text{adj}} = 0.0293$).

5.5. Interpretación Clínica de los Resultados

1. Implicaciones en el Cálculo de Volúmenes: La subestimación sistemática del área en sístole por parte de SegFormer (Dice de 0.8950) generaría errores acumulativos al aplicar la regla de Simpson para el cálculo automatizado de volúmenes cardíacos.
2. Delimitación del Miocardio: La confusión anatómica reflejada en las matrices de píxeles (donde U-Net++ y TransUNet mantienen bajo el porcentaje de error cruzado entre LV y Myo) valida que los modelos convolucionales densos y con mecanismos de atención híbridos son capaces de identificar correctamente el tejido muscular incluso en presencia de artefactos de reverberación comunes en la zona apical.

5.6. Análisis Distribucional del Rendimiento (Boxplots)

La figura 10 permite contrastar de manera inmediata la dispersión, las medianas y el comportamiento asimétrico de los tres modelos evaluados:

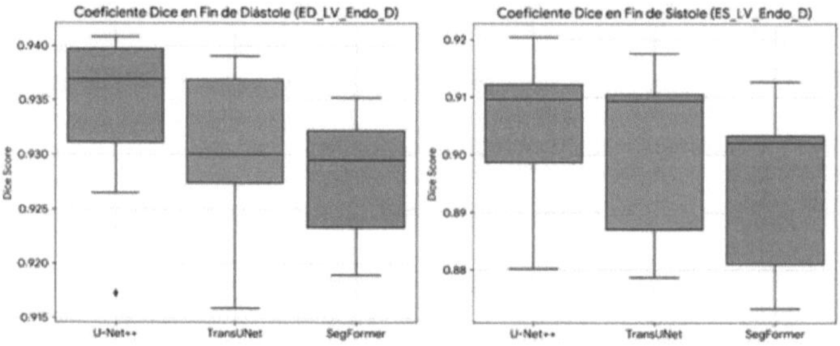

Figura 10. Distribución del rendimiento entre clases

Observaciones Clínico-Estadísticas Clave del Gráfico:

- Estabilidad en Fin de Diástole (ED): Como se observa en la gráfica de la izquierda, U-Net++ no solo tiene la mediana más alta (cercana a 0.937), sino que el 75% de sus pliegues se concentra firmemente por encima del percentil 50 de SegFormer. Se aprecia un único valor atípico (*outlier*) inferior en el Fold 3, el cual aun así no deprime de forma drástica su robustez general.
- Comportamiento Híbrido de TransUNet: En diástole, la caja de TransUNet es notablemente más alargada hacia abajo, confirmando visualmente la sensibilidad anatómica comentada previamente: es capaz de alcanzar máximos sobresalientes, pero con colas de distribución más propensas a la dispersión.
- Contracción en Fin de Sístole (ES): En la gráfica de la derecha, al reducirse el tamaño de la cavidad ventricular, las distribuciones de los tres modelos

incrementan su dispersión (cajas más grandes y bigotes más largos). Sin embargo, se hace evidente cómo la mediana de SegFormer cae marcadamente por debajo de 0.90, mientras que U-Net++ y TransUNet mantienen una paridad competitiva muy sólida en sus medianas y rangos intercuartílicos, justificando por qué no se encontraron diferencias estadísticas significativas entre ellos dos durante esta fase.

5.6. Despliegue funcional: plataforma inteligente de diagnóstico ecocardiográfico

Como validación traslacional del modelo de mejor rendimiento obtenido en la fase experimental (U-Net++ con *backbone* timm-efficientnet-b5), los pesos optimizados del modelo maestro se integraron en una aplicación interactiva utilizando el entorno de desarrollo Gradio.

Esta plataforma permite la carga directa de volúmenes médicos ecocardiográficos en formato estructurado (.nii.gz), calcula de manera automatizada la fracción de eyección del ventrículo izquierdo (FEVI) mediante el método de discos de Simpson, estima el grosor miocárdico utilizando transformadas de distancia Euclídea (distance_transform_edt) y genera un reporte de tamizaje predictivo en tiempo real para anomalías como la miocardiopatía hipertrófica o dilatada. En las figuras 11, 12 y 13 se puede observar el despliegue de la aplicación.

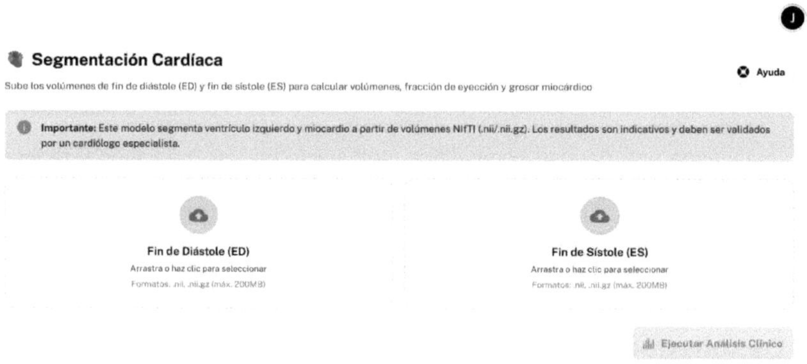

Figura 11. Portal web de la aplicación de segmentación cardíaca

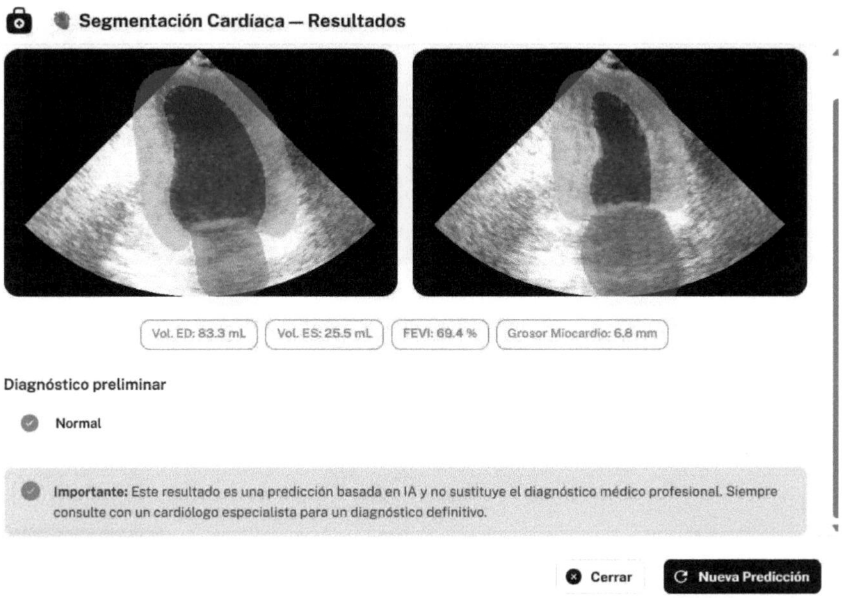

Figura 12. Resultado de una segmentación cardíaca de un paciente normal

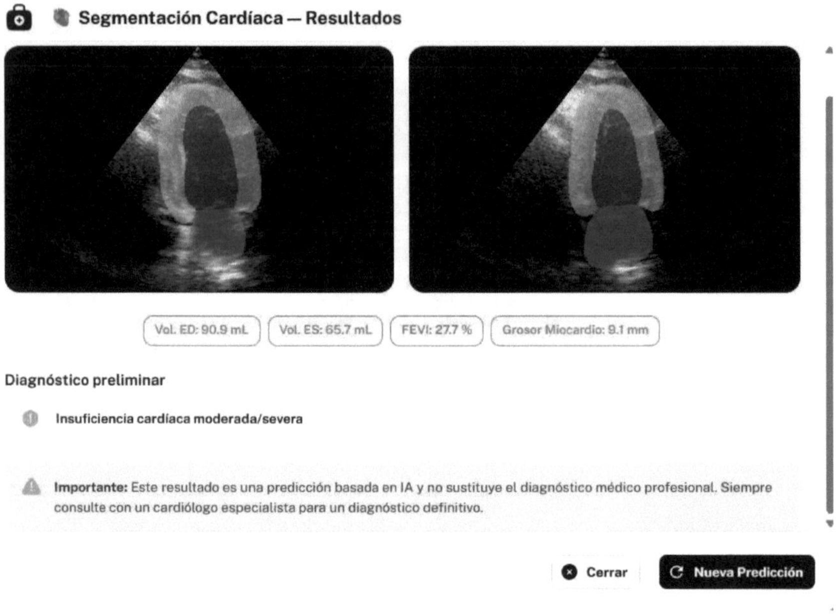

Figura 13. Resultado de una segmentación cardíaca de un paciente enfermo

Este diseño de software demuestra cómo las métricas de laboratorio de U-Net++ se traducen con éxito en utilidades prácticas:

1. Robustez ante el Ruido Clínico: La incorporación del pipeline de post-procesamiento morfológico (ndimage.label) elimina falsos positivos residuales fuera del corazón, garantizando cálculos volumétricos limpios.
2. Utilidad de Diagnóstico Preventivo: El uso complementario del mapa de distancias euclidianas permite extraer el grosor de la pared miocárdica en milímetros en lugar de píxeles abstractos, cerrando de forma efectiva la

brecha entre las predicciones del modelo convolucional profundo y las guías diagnósticas internacionales de cardiología.

5.6.1. Fundamento Matemático del Cálculo Volumétrico: El Método de Discos de Simpson

Para que las predicciones generadas por el modelo de *Deep Learning* tengan utilidad diagnóstica, la plataforma web procesa la máscara binaria correspondiente al Ventrículo Izquierdo (clase 1) empleando una aproximación digital del Método de Discos de Simpson (recomendado por la Sociedad Americana de Ecocardiografía).

Este método asume que el ventrículo izquierdo puede reconstruirse geométricamente como una pila tridimensional de discos cilíndricos horizontales a lo largo de su eje longitudinal. El volumen total del ventrículo (V) se calcula mediante la suma de los volúmenes de cada uno de estos discos individuales de la siguiente manera:

$$V = \sum_{i=1}^{N} V_i = \sum_{i=1}^{N} \frac{\pi}{4} \cdot (d_i)^2 \cdot h$$

Donde:

- N es el número total de filas horizontales (rebanadas) donde la IA detectó la presencia del ventrículo izquierdo.

- d_i es el diámetro real en milímetros del disco en la fila i. Se calcula multiplicando la cantidad de píxeles activos en esa fila por la resolución espacial horizontal del ecógrafo.
- h es el grosor o altura de cada disco en milímetros, el cual viene dado directamente por la resolución espacial vertical de la imagen.

En la figura 14 se puede apreciar el método de Discos Simpson implementado en el backend de la aplicación.

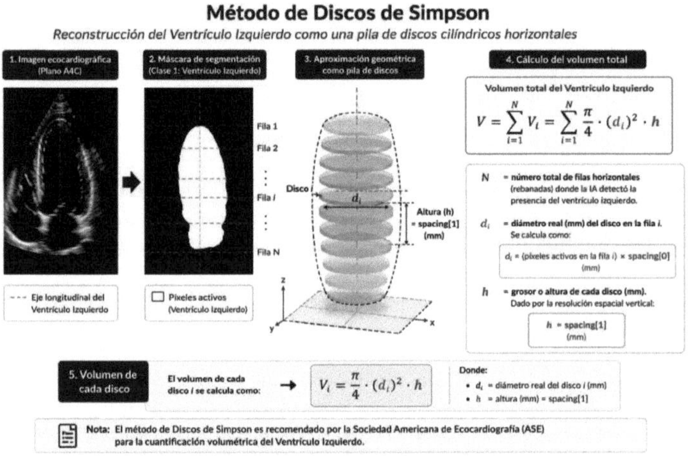

Figura 14. Método de Discos Simpson (Lang et al., 2015)

Automatización en el Backend de la Interfaz

En el código de la plataforma, este formalismo matemático se ejecuta de manera automatizada mediante el siguiente flujo lógico:

1. Aislamiento de la Estructura: Se genera una máscara booleana (lv_mask = (pred_final == 1)).
2. Conteo de Perfiles: Se calcula la anchura en píxeles de cada fila a través del operador de suma axial (np.sum(lv_mask, axis=1)).
3. Filtrado e Integración: Las filas con un diámetro mayor a cero se convierten a escala métrica (mm), se aplica la fórmula del volumen del cilindro para cada elemento y se realiza una sumatoria total. Finalmente, el resultado en milímetros cúbicos (mm^3) se divide entre 1000.0 para entregar al cardiólogo la métrica estandarizada en Mililitros (mL).

Una vez obtenidos de forma independiente el volumen en Fin de Diástole (V_{ED}) y en Fin de Sístole (V_{ES}), el sistema calcula automáticamente la Fracción de Eyección del Ventrículo Izquierdo (FEVI), la cual define el porcentaje de sangre expulsado con cada latido:

$$\text{FEVI (\%)} = \left(\frac{V_{ED} - V_{ES}}{V_{ED}}\right) \times 100$$

Este cálculo es el núcleo matemático que alimenta el módulo de conclusiones clínicas de la interfaz web que se detalla a continuación.

CAPÍTULO VI. DISCUSIÓN

El análisis comparativo de las tres arquitecturas evaluadas (U-Net++, TransUNet y SegFormer) mediante validación cruzada de 10 pliegues (*10-Fold Cross-Validation*) proporciona hallazgos de gran relevancia para el campo de la ecocardiografía automatizada y el análisis de la función cardíaca en imágenes médicas. A continuación, se discuten en profundidad las implicaciones de estos resultados desde una perspectiva tanto arquitectónica como clínica.

1. Influencia de las Arquitecturas en la Segmentación Cardíaca: Convolución vs. Autoatención

La segmentación automática en ecocardiografía bidimensional presenta desafíos intrínsecos severos, tales como una baja relación señal-ruido, artefactos de atenuación acústica, sombras generadas por estructuras adyacentes y la pérdida de definición de bordes debida al movimiento tisular rápido. Los resultados de este estudio reflejan cómo cada paradigma de aprendizaje profundo aborda estas dificultades:

- U-Net++ y el poder de las conexiones densas anidadas: El modelo U-Net++ demostró el rendimiento más alto y consistente, alcanzando coeficientes Dice promedio de 0.9341 en el endocardio (ED) y 0.9487 en el epicardio (ED). Esta superioridad matemática, respaldada por diferencias estadísticamente significativas mediante la prueba post-hoc de Wilcoxon y la corrección de Holm-Bonferroni ($p_{\text{adj}} < 0.05$ frente a SegFormer), se atribuye a sus rutas de salto densas y anidadas (*nested and dense skip connections*). Estas conexiones reducen la brecha semántica entre los mapas de características del codificador y el decodificador, permitiendo retener y recuperar con extrema precisión los detalles geométricos de los bordes del miocardio y las sutiles inserciones de los músculos papilares, elementos que suelen difuminarse en redes menos complejas.

- TransUNet y la sinergia híbrida: TransUNet combina la extracción de características locales de baja resolución mediante redes convolucionales (CNN) con el modelado de dependencias contextuales globales a gran escala a través de transformadores (*Vision Transformers* o ViTs). En nuestros experimentos, TransUNet demostró un rendimiento sumamente competitivo con respecto a U-Net++, empatando estadísticamente en la mayoría de los coeficientes Dice. Sin embargo, el análisis distribucional (Boxplots) reveló una mayor dispersión (cajas más alargadas hacia abajo) en comparación con U-Net++. Esto sugiere que, si bien la autoatención global captura con éxito la morfología general de las cavidades, puede volverse vulnerable si las características de bajo nivel (locales) proporcionadas por la sección CNN se ven muy degradadas por el ruido de reverberación característico del ultrasonido.
- SegFormer y las limitaciones de los enfoques puros de autoatención: SegFormer, concebido originalmente como una arquitectura jerárquica de autoatención eficiente para escenas naturales, obtuvo los rendimientos más discretos en este estudio (ej. Dice mínimo de 0.8950 en sístole endocárdica). Aunque los mecanismos de atención jerárquicos reducen el coste computacional y capturan un contexto amplio, la ausencia de un sesgo

inductivo fuerte (*inductive bias*) característico de los filtros convolucionales que asumen correlación espacial local limita la capacidad del modelo para delimitar transiciones sutiles y continuas de escala milimétrica en tejidos biológicos ecogénicos.

Si bien los modelos propuestos se diseñaron exclusivamente para la segmentación automática del ventrículo izquierdo, las delineaciones anatómicas resultantes constituyen la base para la estimación de biomarcadores funcionales clínicamente relevantes, como el volumen telediastólico, el volumen telesistólico, el volumen sistólico, la masa ventricular izquierda y la fracción de eyección. Estas mediciones se utilizan habitualmente en la evaluación y el seguimiento de diversas afecciones cardiovasculares, como la insuficiencia cardíaca, las miocardiopatías dilatadas e hipertróficas, la cardiopatía isquémica, la remodelación ventricular y las valvulopatías. Por lo tanto, una segmentación precisa representa un paso fundamental hacia el diagnóstico cardíaco asistido por ordenador, más que una herramienta diagnóstica en sí misma.

2. El impacto clínico de la fase fisiológica: fin de diástole (ED) vs. fin de sístole (ES)

Uno de los hallazgos más consistentes en la literatura y firmemente corroborado por nuestros datos es la degradación del rendimiento de segmentación durante la fase de Fin de Sístole (ES) en comparación con Fin de Diástole (ED):

- El Reto de la Sístole (ES): El volumen del ventrículo izquierdo disminuye drásticamente en sístole, lo que provoca un engrosamiento del miocardio y un apiñamiento de las estructuras internas. Esto disminuye el área del endocardio en la imagen y altera la densidad de ecos (ecogenicidad), reduciendo el contraste con la cavidad de la sangre. Todos los modelos experimentaron una caída en el coeficiente Dice en esta fase; por ejemplo, U-Net++ disminuyó de 0.9341 a 0.9057.

- Análisis del error de contorno: es crucial notar que, en sístole, la Distancia de Hausdorff (dH) promedio aumentó considerablemente para todos los modelos (alcanzando 0.7014 mm en U-Net++ y 0.7693 mm en SegFormer). Esto indica la presencia de errores de contorno más pronunciados en las zonas apicales y basales. Clínicamente, este comportamiento es crítico: dado que el cálculo automatizado de la Fracción de Eyección del Ventrículo Izquierdo (FEVI) por el Método de Discos de Simpson depende directamente de la diferencia geométrica entre los volúmenes en ED y ES, un error acumulado en la fase sistólica puede alterar artificialmente la estimación de la función de bombeo global del paciente, subestimando o sobreestimando la presencia de fallas cardíacas.
- Coherencia Global de TransUNet en Sístole: A pesar de tener un coeficiente Dice discretamente menor que U-Net++ en sístole (0.9010 frente a 0.9057), TransUNet logró reducir la distancia media de superficie a un mínimo de 0.8461 mm y la distancia de Hausdorff a 0.6918 mm (valores inferiores a los de U-Net++). Este fenómeno demuestra que el modelado contextual global de los Transformers actúa como un regularizador geométrico anatómico eficaz: cuando la cavidad ventricular es extremadamente pequeña y está saturada de artefactos, la red recuerda la estructura elíptica global esperada

del ventrículo, evitando desviaciones anatómicas aberrantes y manteniendo la estabilidad de la forma.

3. Traslación tecnológica y viabilidad en el punto de atención (Point-of-Care)

El despliegue de la solución funcional mediante la interfaz desarrollada en Gradio demuestra que los modelos entrenados no representan únicamente métricas teóricas aisladas, sino herramientas con potencial de traslación clínica inmediata:

[Imagen Médica .nii.gz] → [Inferencia IA] → [Operaciones Morfológicas] → [Métricas Clínicas (FEVI / Grosor)]

- El rol del post-procesamiento operacional: la inclusión de algoritmos morfológicos avanzados basados en la selección del componente conectado más grande (ndimage.label) y el rellenado de agujeros binarios (ndimage.binary_fill_holes) demostró ser un paso indispensable en el flujo de trabajo práctico. Estas operaciones actúan como un filtro de calidad biológica que suprime componentes espurios flotantes generados por la incertidumbre del modelo en zonas alejadas del miocardio.
- Diagnóstico de precisión multitarea: La combinación del Método de Discos de Simpson a partir de la segmentación del endocardio junto con el mapa de distancias euclidianas (distance_transform_edt) aplicado sobre el miocardio expande las capacidades del software. El sistema deja de ser un mero delimitador visual para convertirse en una herramienta de diagnóstico cuantitativo integral, capaz de alertar simultáneamente sobre eventos de remodelado ventricular (Miocardiopatía Dilatada) y engrosamientos

patológicos de las paredes musculares (Miocardiopatía Hipertrófica, comúnmente asociada a hipertensión arterial crónica o estenosis aórtica).

4. Limitaciones del Estudio y Trabajo Futuro

A pesar de los buenos resultados obtenidos, es importante reconocer ciertas limitaciones que delinean el rumbo de investigaciones futuras:

1. Dependencia del Plano de Adquisición: El análisis se limitó a cuadros bidimensionales estáticos seleccionados de forma manual en fases de interés (ED y ES). La transición hacia análisis en tiempo real sobre secuencias de video completas requerirá la incorporación de redes recurrentes o Transformers temporales (como TimeSformer o ConvLSTMs) capaces de explotar la consistencia de movimiento inter-trama.
2. Generalización Multicéntrica: Si bien la validación cruzada de 10 pliegues garantiza que el modelo es robusto ante el conjunto de datos utilizado, las variaciones en las configuraciones de ganancia, transductores y marcas de ecógrafos del mundo real exigen una validación externa con conjuntos de datos multicéntricos independientes para asegurar que el modelo no sufra de degradación por cambio de dominio (*domain shift*).
3. Extensión del Post-procesamiento: El posprocesamiento morfológico actual opera de forma estricta clase por clase de manera bidimensional. Desarrollar restricciones de consistencia anatómica condicionales directas en la función de pérdida (como pérdidas basadas en topología o redes adversarias - GANs) podría corregir inconsistencias geométricas directamente en el

espacio latente del modelo sin depender de algoritmos de filtrado tradicionales posteriores.

CAPÍTULO VII. CONCLUSIONES

El presente trabajo de investigación se evaluó de forma el rendimiento, la robustez estadística y la aplicabilidad traslacional de tres arquitectuas de aprendizaje profundo (U-Net++, TransUNet y SegFormer) para la segmentación multiestructura y la cuantificación funcional automatizada en ecocardiografía bidimensional. A partir de los resultados cualitativos, los análisis estadísticos y el despliegue de la solución interactiva, se desprenden las siguientes conclusiones principales:

- Alto desempeño y estabilidad de U-Net++: la arquitectura U-Net++ demostró ser la más óptima y consistente para la delimitación del Ventrículo Izquierdo y el Miocardio en ecocardiografía. Con coeficientes Dice de 0.9341 (Fin de Diástole) y 0.9057 (Fin de Sístole) en el endocardio, y un control sobresaliente de los errores geométricos extremos (con una distancia de Hausdorff mínima de 0.2313 mm en el epicardio), superó de forma estadísticamente significativa a SegFormer ($p_{\mathrm{adj}} < 0.05$) y exhibió la menor dispersión inter-pliegue a lo largo de la validación cruzada de 10 folds.
- Viabilidad de las arquitecturas híbridas frente a las puras de autoatención: Los mecanismos de autoatención global (*Self-Attention*) ofrecen una excelente regularización de la forma macroscópica del corazón. Sin embargo, el enfoque híbrido de TransUNet (CNN + Transformer) demostró ser significativamente más eficaz que el enfoque puro de SegFormer ($p_{\mathrm{adj}} = 0.0117$ en sístole endocárdica). Esto concluye que el sesgo inductivo local provisto por las capas convolucionales sigue siendo indispensable para

resolver transiciones tisulares de escala milimétrica bajo condiciones críticas de baja relación señal-ruido.

- Dependencia crítica del ciclo fisiológico: se determinó que la fase de Fin de Sístole (ES) introduce un desafío geométrico y físico mayor para los algoritmos de segmentación que la fase de Fin de Diástole (ED), evidenciado por un descenso generalizado del Coeficiente Dice y un incremento en la Distancia de Hausdorff (hasta 0.7693 mm). No obstante, los modelos híbridos basados en atención demostraron una capacidad única para mitigar deformaciones aberrantes en esta fase restrictiva al preservar la coherencia global de la cavidad.
- Validación de la traslación clínica (cómputo automatizado): la integración exitosa del modelo maestro en una plataforma web interactiva basada en Gradio valida la viabilidad práctica de estos desarrollos. La automatización del Método de Discos de Simpson y del análisis de grosor miocárdico mediante transformadas de distancia demuestra que los modelos de segmentación profunda pueden transformarse directamente en herramientas cuantitativas de Point-of-Care (punto de atención) capaces de calcular parámetros críticos como la FEVI y emitir alertas preventivas confiables para miocardiopatías.

Referencias

Alnasser, T. N., Abdulaal, L., Maiter, A., Sharkey, M., Dwivedi, K., Salehi, M., Garg, P., Swift, A. J., & Alabed, S. (2024). *Advancements in cardiac structures segmentation: A comprehensive systematic review of deep learning in CT imaging. Frontiers in Cardiovascular Medicine, 11*, Article 1323461. https://doi.org/10.3389/fcvm.2024.1323461

Banerjee, T., & Paçal, İ. (2025). *A systematic review of machine learning in heart disease prediction. Turkish Journal of Biology, 49*(5), 600–634. https://doi.org/10.55730/1300-0152.2766

Bruns, S., Wolterink, J. M., van Hamersvelt, R. W., Leiner, T., Isgum, I., & Voskuil, M. (2022). *Deep learning-based whole-heart segmentation in 4D cardiac CT for functional analysis. Medical Image Analysis, 80*, Article 102484.

Chen, J., Lu, Y., Yu, Q., Luo, X., Adeli, E., Wang, Y., Lu, L., Yuille, A. L., & Zhou, Y. (2024). *TransUNet: Rethinking the U-Net architecture design for medical image segmentation through the lens of transformers. Medical Image Analysis, 97*, Article 103280.

Global Burden of Cardiovascular Diseases and Risks 2023 Collaborators. (2025). *Global, regional, and national burden of cardiovascular diseases and risk factors in 204 countries and territories, 1990–2023. Journal of the American College of Cardiology, 86*(22), 2167–2243.

Huang, G., Liu, Z., Van der Maaten, L., & Weinberger, K. Q. (2017). *Densely connected convolutional networks.* En *Proceedings of the IEEE Conference on Computer Vision and Pattern Recognition (CVPR)* (pp. 4700–4708).

Kaba, A., Demir, H., & Yılmaz, A. (2023). *The application of deep learning for the segmentation and classification of coronary arteries: A comparative study. Diagnostics, 13*(18), Article 2951.

Lang, R. M., Badano, L. P., Mor-Avi, V., Afilalo, J., Armstrong, A., Ernande, L., Flachskampf, F. A., Foster, E., Goldstein, S. A., Kuznetsova, T., Lancellotti, P., Muraru, D., Picard, M. H., Rietzschel, E. R., Rudski, L., Spencer, K. T., Tsang, W., & Voigt, J.-U. (2015). *Recommendations for cardiac chamber quantification by echocardiography in adults: An update from the American Society of Echocardiography and the European Association of Cardiovascular Imaging. Journal of the American Society of Echocardiography, 28*(1), 1–39.e14. https://doi.org/10.1016/j.echo.2014.10.003

LeCun, Y., Bottou, L., Bengio, Y., & Haffner, P. (1998). *Gradient-based learning applied to document recognition. Proceedings of the IEEE, 86*(11), 2278–2324.

Leclerc, S., Smistad, E., Pedrosa, J., Ostvik, A., Cervenansky, F., Espinosa, F., Espeland, T., Berg, E. A. R., Jodoin, P. M., Grenier, T., Lartizien, C., D'hooge, J., Lovstakken, L., & Bernard, O. (2019). Deep learning for segmentation using an open large-scale dataset in 2D echocardiography. IEEE Transactions on Medical Imaging, 38(9), 2198–2210. https://doi.org/10.1109/TMI.2019.2900516

Liu, Z., Lin, Y., Cao, Y., Hu, H., Wei, Y., Zhang, Z., Lin, S., & Guo, B. (2021). *Swin Transformer: Hierarchical vision transformer using shifted windows*. En *Proceedings of the IEEE/CVF International Conference on Computer Vision (ICCV)* (pp. 10012–10022).

Liu, Z., Mao, H., Wu, C.-Y., Feichtenhofer, C., Darrell, T., & Xie, S. (2022). *A ConvNet for the 2020s*. En *Proceedings of the IEEE/CVF Conference on Computer Vision and Pattern Recognition (CVPR)* (pp. 11976–11986).

Loshchilov, I., & Hutter, F. (2019). *Decoupled weight decay regularization*. En *International Conference on Learning Representations (ICLR)*.

Nazari, M., Emami, H., Rabiei, R., Rabiee, H. R., Salari, A., & Sadr, H. (2025). *Enhancing cardiac function assessment: Developing and validating a domain adaptive framework for automating the segmentation of echocardiogram videos*. *Computerized Medical Imaging and Graphics*, Article 102627.

Nolan, M. T., & Thavendiranathan, P. (2019). *Automated quantification in echocardiography*. *JACC: Cardiovascular Imaging, 12*(6), 1073–1092.

Pan, S. J., & Yang, Q. (2010). *A survey on transfer learning*. *IEEE Transactions on Knowledge and Data Engineering, 22*(10), 1345–1359.

Pandey, R. K., & Rathore, Y. K. (2025). *Deep learning in 3D cardiac reconstruction: A systematic review of methodologies and dataset*. *Medical & Biological Engineering & Computing, 63*, 1271–1287. https://doi.org/10.1007/s11517-024-03273-y

Raissi-Dehkordi, N., & Xu, B. (2025). *Contemporary applications of artificial intelligence and machine learning in echocardiography*. *npj Cardiovascular Health*. https://doi.org/10.1038/s44325-025-00064-8

Ronneberger, O., Fischer, P., & Brox, T. (2015). *U-Net: Convolutional networks for biomedical image segmentation*. En *Medical Image Computing and Computer-Assisted Intervention – MICCAI 2015* (pp. 234–241). Springer.

Saeed, A. Q., Alshammari, R. F. N., & MH, B. M. (2025, May). *Early prediction of heart disease using machine learning*. En *2025 3rd International Conference on Business Analytics for Technology and Security (ICBATS)* (pp. 1–8). IEEE.

Salimi, M., Gheshlaghi, N., Kheradmand, A., & Zaidi, H. (2025). *Deep learning-based CT-less cardiac segmentation of PET images using nnU-Net*. *European Journal of Nuclear Medicine and Molecular Imaging, 52*, 1542–1556.

Selvaraju, R. R., Cogswell, M., Das, A., Vedantam, R., Parikh, D., & Batra, D. (2020). *Grad-CAM: Visual explanations from deep networks via gradient-based localization. International Journal of Computer Vision, 128*(2), 336–359.

Sevilla, T., Arnold, R., Amado, M., Revilla, A., & San Román, J. A. (2013). *Técnicas de imagen no invasivas en la investigación cardiovascular. Revista Española de Cardiología Suplementos, 13*, 64–72.

Shorten, C., & Khoshgoftaar, T. M. (2019). *A survey on image data augmentation for deep learning. Journal of Big Data, 6*(1), Article 60.

Song, Y., Ren, S., Lu, Y., Fu, X., & Wong, K. K. L. (2022). *Deep learning-based automatic segmentation of images in cardiac radiography: A promising challenge. Computer Methods and Programs in Biomedicine, 220*, Article 106821. https://doi.org/10.1016/j.cmpb.2022.106821

Tan, M., & Le, Q. V. (2019). *EfficientNet: Rethinking model scaling for convolutional neural networks*. En *Proceedings of the 36th International Conference on Machine Learning (ICML)* (pp. 6105–6114).

Xie, E., Wang, W., Yu, Z., Anandkumar, A., Alvarez, J. M., & Luo, P. (2021). *SegFormer: Simple and efficient design for semantic segmentation with transformers. Advances in Neural Information Processing Systems, 34*, 12077–12090.

Yan, L., Li, Q., Fu, K., Zhou, X., & Zhang, K. (2025). *Progress in the application of artificial intelligence in ultrasound-assisted medical diagnosis. Bioengineering, 12*(3), Article 288. https://doi.org/10.3390/bioengineering12030288

Zhou, Z., Siddiquee, M. M. R., Tajbakhsh, N., & Liang, J. (2020). *UNet++: Redesigning skip connections to exploit multiscale features in image segmentation. IEEE Transactions on Medical Imaging, 39*(6), 1856–1867. https://doi.org/10.1109/TMI.2019.2959609

MIX
Papier aus verantwortungsvollen Quellen
Paper from responsible sources
FSC® C105338

Printed by Books on Demand GmbH, Norderstedt / Germany